통영백미

기다림 속에 찾아오는 사계절 바다의 맛

글과 사진 이상희

남해의봄날 *

일러두기

• 생선, 해초, 음식 등은 지역마다, 때론 같은 지역 안에서도 부르는 이름이 여럿입니다. 되도록 표준어를 기준으로 표기했으나 지역에서 널리 불리며 뿌리내린 이름은 지역에서 부르는 명칭 중 대표적인 이름을 살리고 그 외의 것을 괄호 안에 병기했습니다.

• 책에 들어 있는 조리법은 참고용으로 집마다 장의 염도, 고춧가루의 맵기, 식재료의 맛, 불의 세기 등이 다를 수 있어 입맛에 맞춰 조금씩 조절하기를 권합니다.

바다에서 건져 낸
풍성한 계절의 맛,
통영백미

나는 미식가가 아니다. 미각이 다른 사람보다 약해 아내의 미각을 빌리곤 한다. 대신 후각과 손끝의 감각은 더 좋은 것 같다. 만든 음식이 아내의 입맛을 통과하면 주위 사람들과 나누는데, 그 순간이 가장 행복하다.

지금은 아내가 나와 입맛이 가장 맞는 사람이지만 처음부터 그랬던 것은 아니다. 아내는 통영에서 태어나고 자란 통영 사람이고, 나는 바다가 없는 내륙지역 출신이다. 아내와 살며 밥상 앞에서 놀랐던 일이 많다. 아침부터 밥 위에 회와 된장을 얹어 먹고, 젓갈만 보면 입맛을 다시고, 게 종류만 보면 두 손으로 잡고 맛나게 먹었다. 생선을 고기, 정확히는 괘기라고 부르며 내가 알던 고기는 돼지고기, 또는 소고기라 구별해 불렀다. 그런 모습이 나에게는 모두 낯설고 새로운 문화였다.

사실 통영과의 인연은 이렇게 시작됐다. 내가 처음 도착한 곳은 충무, 통영이라 불리기 전이었다. 어려서 음식의 길에 들어서서 관련한 일을 하러 전국을 다니던 때였다. 한번은 어느 조그만 도시에서 새벽 기차를 타기 위해 승차장에 서 있었는데 어디선가 "충무! 충무"라는 소리가 들렸다. 잊고 있던 도시였다. 그 소리에 '아, 맞다! 가야지. 간다고 했던 도시였지' 생각하며 반가운 이름을 향해 가까이 가보니, 그 소리는 기차에 싣고 온 조간신문을 전해주려 그

지역의 신문보급소 총무를 부르는 소리였다.

난 얼마 지나지 않아 총무로 향했고, 그때 만난 총무의 모습이 아직도 생생하다. 짐 자전거를 타고 장을 보러 서호시장을 나가면 그동안 보지 못했던 색다른 식자재가 풍성했고, 골목으로 접어들면 맛있는 냄새에 이끌리기 일쑤였다. 통닭골목, 곱창골목, 구이골목, 미미정골목, 도깨비골목, 묵자(먹자)골목 등 골목골목 특색이 있었다. 어느 날은 강구안에서 음식 하는 사람들과 대구 50마리를 손질했고 또 다른 날에는 객선을 타고 섬과 섬들 사이를 한 바퀴 돌았다. 김장철에는 손수레 가득 배추를 싣고 충무교를 건너 김장을 했다. 솜씨 좋은 요리 스승에게 음식을 배우기도 했다.

통영에 살다 보니 통영 음식을 공부하게 되었고, 통영 사람들이 즐겨 만들어 먹는 음식은 물론 시대 속에 희미해져 통영 사람들도 거의 맛보지 못한 음식도 알게 되었다. 통영 음식에 관심이 많은 사람과 인연이 이어지고, 이야기들이 모여들고, 쌓인 것들로 보다 풍요로운 음식 문화를 만드는 일에 함께하는 기회도 찾아왔다. 그렇게 30년 넘는 시간이 흘렀다.

〈통영백미〉에는 내가 그동안 통영에 살며 맛보고 공부하고 사람들과 나눴던 음식과 물산에 대한 이야기가 담겨 있다. 여러 지역을 다니고 사람들을 만나며 다양한 음식을 경험했지만 통영 음식은 어디에도 뒤지지 않는 매력이 있다.

한국의 음식 문화는 각 지역의 물산과 풍토, 그리고 사회적 성격에 따라 지역만의 특색을 갖고 발달해 왔다. 이는 통영도 예외가 아니다. 주변 지역과 확연한 차이를 보이는 통영의 독특한 문화는 풍부한 해산물이 나는 자연환경과 함께 삼도수군통제사(이하 통제사)의 본영인 삼도수군통제영(이하 통제영)이 존재했던 역사적 요인이 크게 작용했다.

통제영은 수군 최고 수뇌부가 상주하는 곳으로 삼남 바닷가 70개 고을에서 통제사에게 특산품을 바쳤다. 이는 통제영을 거쳐 한양으로 올라가곤 했는데 진상하기 전 검수를 위해 통제영 내의 주방인 관주에서 지역의 고급 식재료를 가지고 뛰어난 조리 실력으로 요리해 먹기도 했다. 시기마다 다르지만 수백 명이 상주했고, 백성이 드나들고 손님이 거쳐 갔던 통제영은 다양한 지역의 음식 문화가 들어와 토착 음식과 결합, 융합되어 '통영 음식'의 틀을 만들었다고 볼 수 있다. 통제영의 다양한 행사에 쓰인 관주 음식과 정보는 이후 일반 백성의 생활이나 삶에도 영향을 주었으리라 짐작한다.

통제영 관주는 제법 큰 규모로 형성되었으나 들고나는 모든 사람의 음식을 할 수는 없었다. 그럴 때는 근처 영저리집이 역할을 나눠 하기도 했다. 영저리는 조선시대 각 감영에 딸려 군아와 감영 간의 연락을 취하던 이속인데, 통제영을 찾은 이들에게 음식을 내주고 그에 해당하는 물적 지원을 관에서 받았다. 조선후기 오횡묵이 쓴 〈총쇄록〉에도 "통제사가 오횡묵에게 관주에서 밥상을 내렸으나 영저리집에서 음식을 먹었다", "통제영 영저리집에 근무하는 석윤이 요리를 잘하여 관아의 주방에서 요리 하는 이들의 음식을 감독하도록 했다" 등 관련 내용이 남아 있다. 영저리집은 상업적 성격이 있어 그들 사이에도 음식 경쟁이 있었다고 한다. 통제영 관주의 요리법을 따르면서도 더 많은 이들의 발길을 잡기 위해 집집마다의 조리법이 더해져 차별성 있는 음식을 만들어 낸 것이다.

통제영이 폐영된 후에도 영저리집 음식 솜씨는 그 집안에서 이어지고, 관주의 숙주들은 통영 명문가로 영입되거나 음식점에 흡수되어 명맥을 이어갔다. 일제강점기에는 '일복루'를 비롯한 여러 근대 식당들로, 그 후에는 각종 음식

골목과 다찌 등으로 이어지며 축적된 음식 솜씨가 곳곳에 스며 남아 있다.

그 뿐만 아니라 시야를 넓혀 보면 통영에는 사시사철 풍요로운 먹거리를 내주는 바다와 섬이 있다. 동쪽 바다와 서쪽 바다가 다르고 한산권, 욕지권, 사량권, 산양권, 통영권 등 굽이굽이 지역마다 물산의 성격이 서로 다르고 음식 문화도 다르다. 그러면서 고성, 거제, 남해 등 인근 도시들과 서로 한 바다로 엮여 이들도 분리해서 이야기할 수 없다. 나는 이를 '통해 지역'이라고 부르곤 한다. 통제영이 이곳에 터 잡기 전부터 자신이 사는 바다와 땅을 누구보다 사랑하며 살아온 사람들의 흔적이 음식을 통해 이어지고 있음을 보게 된다. 섬 음식은 공도정책 후 새로운 어로 방법이 생기자 자연스럽게 어려운 백성들이 섬에 정착해 열악한 섬 환경에 맞춰 만든 음식이다.

단순하지만 재료를 깊이 이해하는 소박하고도 깊은 음식에서는 옛 어르신들의 지혜를 본다. 한편으로는 지금의 주방에서 만들기 쉽지 않을 정도로 손이 많이 가는 섬세하고 정성 가득한 음식을 보며 화려한 문화를 꽃피웠던 통제영의 세도를 느낀다. 또 이와 함께 팔도의 문화와 사람을 유연하게 받아들인 모습을 보면 넉넉하지만 만만히 봐서는 안 되는 바다 곁에 살아 온 통영 사람들의 자유롭고 현실적인 기질도 알 수 있다.

통영 사람들은 누구보다 지역 음식에 자부심을 갖고 있고, 다른 지역의 이들도 통영 음식의 매력에 눈뜨고 있지만 아직 통영 음식 문화에 대한 본격적인 연구나 정리는 미흡하다. 앞으로 통제영의 음식 문화를 제대로 이해하고, 구석구석 사라져가는 옛 지역 음식 문화들을 더 발굴하고 연구하며 통영만의 독특한 음식 문화의 전형을 만들고, 바람직하게 계승, 발전시켜 나가야 할 것이다.

낯선 음식 문화를 이해하기 위해 호기심을 품고 무수한 자료를 뒤적이고, 제철 물산을 찾아 섬이며 마을을 찾아다니고, 매일 아침 시장을 돌며 수첩에 기록하고, 마을마다 경로당에 가서 할머니들 옆에 앉아 음식 이야기를 채록하며 지냈다. 그럼에도 미흡한 것이 많다. 아내가 나의 부족한 미각을 채워 주는 것처럼, 이 책이 사람들의 기억을 끄집어내고 이야기를 나누는 시작이 되었으면 한다. 그렇게 알지 못했던 것을 새로이 만나고 채우고 싶다. 음식을 만들면 사람들과 둘러앉아 맛보며 이야기 나누듯이, 〈통영백미〉가 맛있고 풍성한 대화의 시작이라면 좋겠다.

차 례

한겨울
통영 바다는
가장 맛있어진다

통영의 바다 음식은 겨울에 제철을 맞는다. 찬 바람이 도는 1월이면 바다는 풍성한 맛의 절정에 다다른다. 땅은 추위로 쉬어 가는 때지만, 바다에서 나는 것들로 시장이 가장 풍성해진다. 대구, 물메기, 아귀, 꽃게, 털게, 미역, 김, 파래 등 종류도 많고, 맛이 들어 보기만 해도 배부른 시간이다.

매일 아침 시장으로 가는 발걸음이 가볍고 절로 행복해진다. 통영 시장의 아침은 찬 바닷바람을 머금어 춥지만, 먹거리와 마음만은 따뜻하다. 새벽시장을 한 바퀴 돌고 나면 집에 돌아와 뜨끈한 졸복국 한 그릇으로 몸을 녹인다. 겨울의 맛이다.

추위를
잊게 하는
진한 맛

복어

통영의 복국이라면 사람들은 졸복국을 떠올린다. 그러나 진짜 졸복국을 먹어 본 사람은 얼마나 될까? 잡히는 졸복의 수가 줄어들어 졸복으로만 복국을 끓이는 것이 이제는 쉽지 않다. 식당에서 졸복으로 알고 먹었던 복어는 대부분 복섬이고, 종종 졸복과 복섬을 섞거나 졸복만으로 끓이는 집도 있다. 진짜 졸복은 먹으면 입이 쩍쩍 달라붙고 소변 색이 노랗다.

예전에는 졸복이 많이 잡혀 시장이나 통영항 인근 식당에서 졸복국을 많이 끓여 냈다. 새벽시장 상인, 노동자, 술꾼의 속을 달래주던 졸복국은 그 시절 통영에서는 국밥 같은 서민 음식이었다. 그러나 언제부터인가 졸복이 잡히지 않자 크기가 작고 가격도 비싸지 않은 복섬을 가지고 복국을 만들고 있다. 또한 각종 미디어와 음식 관련 전문가도 복섬으로 만든 복국을 졸복국이라 소개한다. 이제 졸복은 크기가 작은 복을 부르는 고유명사가 되어 가는 듯하다. 사실 진짜 졸복과 복섬은 크기 차이가 많이 난다. 졸복은 아니지만 복섬도 복어의 맛을 즐기기에 괜찮다. '통영은 졸복국'이라는 미디어의 추천 공식에 굳이 얽매이지 말고 복섬, 밀복, 참복, 까치복, 졸복 등 다양한 복어를 즐겨보는 편을 추천한다.

통영 졸복국은 시원한 맛이 좋다. 본연의 맛을 살리기 위해 고춧가루도 넣지 않고, 육수도 맛이 강하지 않게 한다. 맑은 육수에 신선하고 담백한 살, 아삭한 콩나물과 향긋한 미나리가 어우러져 입맛을 돋운다. 시원한 국물을 먼저 즐기고 복국의 콩나물과 미나리를 건져 초장에 찍어 먹는다. 먹는 도중에 식초를 국물에 넣으면 상큼함이 더해져 두 가지 맛을 즐길 수 있다. 통영에서는 집에서 샤브샤브 같은 방식으로 복수육을 해 먹고 남은 국물에 죽을 끓여 먹곤 했는데 그 맛이 최고다. 전복죽이나 다른 죽과 비교할 수 없는 진한, 입에 쩍쩍 붙는 맛이다.

복은 산란하기 전인 12월부터 3월이 제철, 찬 바람이 도는 계절에 가장 맛이 좋다. 4월 이후는 산란기라 독이 많다. 이때는 우스개로 죽음을 각오하고 먹을 맛이라고 한다. 경상대학교 해양과학대학이 있는 통영 당동 쪽에는 이런 노래가 구전되어 내려온다.

"욕지거치 너른 바다 만천 괴기 다 나 놓고 복지(복어) 묵고 왜 죽었소"

술 좋아하고 복국 좋아하던, 갖은 고생 다 시키던 남편이 배에서 복어 먹고 죽자 애증으로 우는 모습을 담은 노래라고 한다. 사실 가끔은 복어를 먹고 나면 간혹 입이 살짝 마비되는 듯한 느낌이 올 때가 있는데 시간이 지나면 사라진다. 복을 즐기는 사람들 중에는 그 느낌을 아는 이도 있다. 미세하게 마비되는 느낌으로 괜한 걱정을 할 필요도, 복어의 맛을 놓칠 이유도 없다.

복어는 이빨이 있는 주둥이, 지느러미, 꼬리와 눈알을 제거하고 등에 칼집을 넣어 껍질을 벗긴 뒤 내장도 깨끗이 제거한다. 내장 중 유일하게 먹을 수 있는 것은 이리인데, 반드시 표면의 실핏줄을 깨끗이 제거해야 한다. 뼈가 무척 단단한데 그 안에도 독이 있어 칼집을 내고 피를 뺀다. 뼈와 살 모두 흐르는 물에 담가 물을 갈아 주면서 피가 남지 않도록 뺀다. 껍질은 면도하듯이 가시를 제거한다.

복은 졸복과 복섬 외에도 참복(자주복), 까치복, 밀복, 은복 등 다양한 종류가 있다. 1980년대 후반 참복 양식을 시작하였는데 당시 일본 수출을 준비하며 통영에서 맛을 점검하기 위해 다양한 복어 요리 시식회를 열기도 했다.

복은 조리 방법도 여러 가지가 있고 보관성이 좋아 물에 담

가 매일 물을 갈아 주며 냉장고에 넣어 두면 열흘 넘게 다양한 요리로 즐길 수 있다. 먼저 복어회를 떠서 먹고 그 뒤에 복수육, 복맑은국, 복찜, 복튀김 순서로 해 먹는다. 껍질무침과 복지느러미술도 별미다.

겨울이 시작되던 즈음, 기다리던 졸복이 아침 장에 처음 나와 반가운 마음으로 값을 물었다.
"아줌마, 얼만가요?"
"아침에 물(그물) 본 거야, 칠만 원만 주소."
"그럼 육만 오천 원 해 주세요."
처음 나온 물건은 아직 값이 형성되지 않아 부르는 게 값이다. 그래도 시장에 나온 첫 물건은 놓칠 수 없다. 계절의 시작을 알리는 맛, 한 해를 기다린 맛은 머리보다 입이 먼저 반응하기 때문이다.

▲ 왼쪽이 졸복, 오른쪽이 복섬으로 얼핏 비슷해 보이나 다 자랐을 때는 졸복이 훨씬 크다.
▼ 참복은 복어 중에서도 맛이 진해 선호하는 사람이 많다.

최고의 해장 음식, 졸복국

모든 음식이 그렇지만 졸복국도 집집마다 사람마다 만드는 방법이 조금씩 다르다. 취향에 따라 사용하는 육수가 다르기도 하고, 들어가는 재료와 넣는 순서가 달라지기도 한다. 내가 요리하는 방법에 맞춰서 정리했지만 각자의 입맛과 취향, 조리 환경에 따라서 조금씩 조정하며 자신만의 한 그릇을 만드는 것이 좋다.

3인분 기준
육수: 물 2L, 무 300g, 마른멸치 70g, 청고추 2개
재료: 육수 1.6L, 복어 800g, 콩나물 200g, 미나리 200g, 대파 60g, 다진 마늘 20g, 멸장 45g, 소금 4g, 식초 약간

1. 복어는 주둥이를 자른 다음 지느러미도 자르고 내장은 터지지 않게 꺼낸다. 껍질을 벗기고 깨끗이 씻어 물에 담가 핏기를 제거한다. 손질한 복어를 구입하면 더 안전하고 편하다.

2. 무는 어슷하게 썰어 육수 낼 때 쓴다. 콩나물은 대가리를 다 듬어 씻어 두고 미나리는 손가락 하나 정도, 대파는 손가락 한 마디 길이로 썬다.

3. 냄비에 물을 붓고 무와 고추를 넣고 끓이다 마른멸치를 넣어 3분 정도만 더 끓인 뒤 내용물을 모두 건지고 끓는 육수에 손질한 콩나물을 넣어 데친 뒤 꺼내 찬물에 헹구어 놓는다.

4. 육수에 손질한 복어를 넣고 센 불에서 끓기 시작하면 중불로 줄여 마저 끓인다. 복어가 익으면 데쳐 둔 콩나물을 넣고 멸장과 소금으로 맛을 내고 다진 마늘과 대파를 넣은 뒤 바로 불을 끈다.

5. 그릇에 1인분씩 옮겨 담고 미나리를 얹어 상에 낸다.

〈 한맛 더하기 비법 〉
• 멸치를 너무 오래 끓이면 비린내가 난다. 살짝만 끓여 맑은 육수를 낸다.
• 콩나물은 살짝 데쳐 식혀 두었다가 마지막에 넣으면 아삭한 맛이 오래 간다.
• 복국은 어느 정도 먹다가 중간에 식초를 약간 넣어 먹으면 두 가지 맛을 즐길 수 있다.

방풍탕평채

풍을 방지해서 이름도 방풍이라고 한다. 쑥보다 먼저 싹이 돋아난다. 방풍은 주로 남해안의 섬이나 해안 지역의 양지바른 절벽에서 많이 자란다. 번식력도 강하고 추위에도 강한, 생명력이 넘치는 나물인데 쌉싸래하면서도 달짝지근한 맛을 지녀서 집 나간 입맛까지 잡아 준다. 성질이 따뜻해서 약초로도 활용하고 항염, 항암 식물로 약선 요리에도 빠지지 않는다.

잎채소는 보통 데쳐서 요리를 하는데, 방풍은 잎에 섬유질이 많아 데치면 자칫 질겨질 수 있다. 찜통에 쪄서 부드럽게 만들거나 아니면 잎을 잘게 잘라서 요리한다. 찔 때는 뚜껑을 열어야 푸른색을 살릴 수 있다.

대한제국시대에는 통영 지명이 진남군이었는데, 1904년 진남군이 발행한 군

22

▲ 털게, 조갯살, 방풍 외에도 새우
나 해삼 등 다른 해산물을 넣어도
된다.
▼ 방풍탕평채는 정성이 필요해 통
영 사람들이 귀한 손님이 왔을 때
내던 단품 요리다.

지를 보면 통영 특산물로 시금치, 토란대, 그리고
방풍을 소개했다. 100년 넘는 세월 변함없는 통영
특산물이다.

통영 출신 예술가들도 방풍을 즐겼다. 김상옥 시
인은 '참파노의 노래'라는 시에서 고향을 그리워
하는 마음을 남쪽 바닷가의 봄, 쑥국과 햇상추 쌈,
향긋한 방풍나물이 있는 소박한 상 앞에 앉고 싶
다고 표현했다. 이제는 작고하셨지만 통영 향토음
식의 대모로 통하는 제옥례 선생님 기억 속에도
방풍탕평채를 즐기던 예술가들의 모습이 있었다.
제옥례 선생님 사랑채에는 1950년대에 유치환, 윤
이상, 전혁림, 김상옥, 김춘수 등 통영문화협회 인
사들이 모여서 예술을 논하고 시대의 아픔을 나눴
는데, 그때 상에 올렸던 음식 중 하나가 바로 방풍
탕평채라고 한다.

방풍탕평채라고 하니까 녹두묵으로 만든 탕평채
와 비슷한 음식일 거라 생각을 하지만 사실 전혀
다르다. 깨끗하게 씻어 쪄 낸 방풍과 역시 쪄서 살
만 바른 털게, 참기름에 볶은 조갯살을 한데 섞어
멸장과 참기름, 마늘, 깨소금 넣고 버무린 음식이
다. 방풍의 진한 향과 털게, 조개의 감칠맛, 단맛이
어우러져 고급스러운 음식이 된다.

털게(왕밤송이게)

벌덕게(민꽃게, 돌게)

털이 많다는 이유로 흔히 털게라 불린다. 남해 털게(왕밤송이게)는 동해 털게와는 엄연히 다른 종이나 생김새가 서로 비슷해 같은 종으로 오해를 받곤 한다. 아직 연구가 부족한 상태다.

음력 11~3월 사이에 잡히는데 달이 있을 때는 살이 없고, 달이 없을 때 잡아야 살이 가득하다. 통영에서는 털게를 제사상에 올리고 정월대보름에 털게를 먹는 풍속도 있다. 게의 다리가 갈고리 모양 같아 복과 재물을 긁어모으라는 기원이 담겨 있다. 통영 근교에서 나는 털게는 특히 맛이 좋다. 고소하고 담백하며 껍질이 단단하지 않아 찜통에 15분 안팎으로 찌다가 불을 끄고 5분 정도 뜸들인다. 동해 대게, 서해 꽃게가 맛이 있다고 하는 사람들은 통영 털게를 맛보지 못한 사람들일 것이다.

벌덕게는 연해 바다의 갯벌이나 방파제에 사는데 돌 틈에서 잡히고 껍질이 돌같이 딱딱하여 '돌게'라고도 부른다. 야행성으로 야무진 몸집에 집게발 힘도 강하고 성질도 난폭하다. 통영에서는 뻘떡거리며 일어나서 뻘떡게라고 불렀다.

〈별주부전〉을 보면 표기장군 벌덕게, 언참군 물메기, 주부 자라 등 수궁의 만조백관이 모인 자리에서 간의대부 물치가 벌덕게를 육지에 보내고자 하니 벌덕게가 입에 거품을 흘리며 화내는 내용이 있다. 살이 오른 벌덕게는 대게 다리보다 부드러우면서 쫀득한 단맛이 난다. 물때 맞춰 방파제에 가서 불빛으로 유인하면 모여드는데 뜰채로 잡으면 얼마 지나지 않아서 양동이가 가득 찼다.

방게

어류 도감에 방게는 봄이 제철이라 나와 있는데 통영에서는 가을이 제철이다. 가을 시장에 나가 보니 1킬로그램에 두 마리짜리가 나와 있었다. 게 특유의 비린내가 있어서 호불호가 갈린다. 비린내가 싫다면 내장을 먼저 제거하고 요리해도 된다. 솔로 문질러 흐르는 물에 깨끗하게 씻는다. 솥에 물을 부어 된장을 풀고 방게의 배 부분이 위쪽으로 보이도록 놓고 찐다. 거의 익으면 불을 끄고 나머지 열기로 뜸을 들인다.

꽃게

통영 꽃게는 자망배가 욕지도 앞바다에 가서 잡아 온다. 삼덕공판장에서 경매를 하는데 서해에서 온 것보다 가격이 높다. 외관으로는 거의 구별을 할 수 없는데 요리를 해 보면 살이 더 있고, 묵직한 맛도 있고 비린내도 덜 난다. 이동거리가 짧아 선도가 더 좋아서 그런지 혹 다른 이유가 있는지는 정확히 모르겠다. 시장에서 살 때는 꼭 어디 꽃게인지 확인하고 산다.

꽃게도 회로 먹는다. 살이 꽉 찬 게를 냉동실에 10분 안팎으로 살짝 얼리면 살이 잘 빠지는데, 살에 양념을 얹어 회로 먹었다. 지금은 다찌에서 꽃게를 얼려서 양념을 부어 먹는 형태로 이어지고 있다.

남쪽 바다는
봄을 향한 마음이
급하다

봄은 바다에서도 온다. 남쪽은 생각보다 빨리 바다가 깨어나 겨울이 더 일찍 물러난다. 통영 바다는 새로운 계절을 향해 가는 마음이 늘 급하다.

계절의 맛을 기다리는 미식가들의 참을성이 바닥날 즈음, 시장을 돌다 보면 붉은빛 멍게를 만날 수 있다. 멍게 정식 출하까지는 시간이 남았지만 시장에는 조금씩 풀리기 시작한다.

찬 바람 사이로 땅에는 쑥 향이 돌기 시작하고 겨울을 이겨 낸 시금치가 부드러워진다. 시금치가 절정일 때 우럭조개, 새조개 등 조개들도 살이 차고 맛이 든다. 미더덕이나 멍게도 밥상에 향기를 더한다. 통영의 2월은 봄기운이 감도는 때다.

섬에
매화가 만발하면
바다에는
붉은 꽃이 핀다

멍게

통영에서는 오래전부터 떠밀려 오거나 채취한 멍게를 삶아서 간식 또는 술안주로 먹었다. 껍질이 딱딱한 돌멍게는 껍질을 깎아서 익혀 먹기도 했다. 자연산 멍게는 수량이 적어 이렇게 산지에서만 먹었는데 온 국민이 즐겨 먹게 된 것은 1960년대 후반부터다. 통영 인근 바다에서 대량 양식이 이루어졌고 독특한 향과 맛으로 소비가 늘었다. '멍게'라는 이름 자체가 경남 지역에서 부르는 이름이고 정식명칭은 '우렁쉥이'인데, 경남에서 대량 생산되면서 이름도 함께 퍼져나가 복수 표준어로 인정받았다. 멍게 양식을 처음 시작했을 때는 멍게 개당 1000~2000원씩 팔 만큼 값이 비쌌다고 한다. 모두 현금 결제를 할 때여서 멍게를 출하하는 날이면 돈을 자루에 담아 보관했는데 그 돈 자루를 통영 시내 은행장이 직접 와서 차로 실어 입금했다는 이야기가 전설처럼 남아 있다.

지금도 통영과 거제 양식장에서만 1년에 2만 톤 이상, 전국 유통 멍게의 70퍼센트 정도를 생산하고 있다. 그중 통영 산양읍 영운마을이 생산량의 30퍼센트를 담당한다. 멍게는 찬 바다에서 자라는 개체다. 낮은 온도와 다양한 플랑크톤이 서식하는 통영 인근 바다의 환경이 멍게 성장에 최적의 자연 조건이다.

또한 멍게는 온도에 예민하여 폐사율이 높다. 수온 변화에 따라 겨울에는 수심 얕은 통영 동쪽 바다(거제 방향), 여름에는 통영 서쪽 바다(사량도 방향)로 이동하며 양식한다. 그리고 출하 전에는 연안 쪽으로 이동해서 속살을 채우는데, 그 자리가 통영 한산도 연안과 거제 둔덕 인근 지역이다.

그렇게 살을 채운 뒤 마지막에는 산양읍 영운리에서 건져 출하한다.

멍게는 12월부터 산란을 시작해 채묘도 이때 한다. 채묘한 멍게는 채묘장에서 키운 뒤, 양식장에 이식, 이듬해 수확하는 것이다. 유생을 채묘해 팜사(야자 껍질을 꼬아 만든 실)에 부착하여 채묘장에서 1년여 키운 뒤, 양식장에 수하해서 이듬해 2~5월에 수확하니, 28개월 안팎을 꼬박 키워야 한다. 자연산 멍게는 4~5년쯤 사는데 15센티미터까지 큰다.

자연산 멍게는 1년 내내 수확한다. 자연산은 돌기가 유난히 크고 속살이 도톰하고 양식보다 색이 연하다. 멍게를 고를 때는 껍질이 단단하고 붉은 색이 진한 것이 좋다. 8월에서 9월 사이 알이 꽉 차고 펄이 없어 가장 달달하고 맛있다. 돌멍게는 돌 틈새에 사는데 울퉁불퉁하고 흑갈색으로 생김새가 돌 같아

서 발견이 쉽지 않다. 돌멍게는 양식이 없다.

멍게는 회로 먹어도 맛있지만 다양한 요리에도 활용 가능하다. 홍합이나 멸치 육수에 마른미역을 불려서 넣고 끓이다가 멸장으로 간을 하고 멍게를 넣어 끓여 내는 멍게미역국, 데친 멍게를 썰고 채소를 손질해서 넣고 달걀과 밀가루를 버무려 소금, 후추 간하여 부치는 멍게전도 향이 좋은 별미다. 멍게젓갈도 만들기 어렵지 않다. 멍게 살을 잘게 썰어 멸장과 소금으로 절인 다음 고춧가루, 파, 마늘을 다져 넣고 참기름, 물엿, 통깨와 버무린다.

입안 가득 꽃피는
바다 향기,
멍게비빔밥

멍게를 초장에 찍어 먹는 것 외에 다른 방법은 잘 알지 못하는 사람이 많다. 그러나 생각보다 다양한 음식에 잘 어울린다. 그중 가장 부담 없는 것이 멍게비빔밥이다. 바다 향을 머금은 멍게와 해초가 어우러진 멍게비빔밥은 오돌오돌한 식감과 깔끔하고도 고소한 맛이 일품이다. 신선한 멍게로 양념 멍게를 만들어 놓으면 간단히 구할 수 있는 재료를 더해서 한 그릇 뚝딱 만들 수 있다. 입맛 없을 때 먹으면 좋다.

4 인분 기준
양념 멍게: 손질한 멍게 170g,
멸장 20g, 다진 마늘 10g,
다진 파 10g, 깨 조금
재료: 밥 1000g(4공기),
양념 멍게 200g, 마른해초 15g,
오이 5g, 달걀 120g(2개), 생김가루 2g(1장), 홍고추 조금, 참기름 약간, 깨소금 약간

1. 손질한 멍게는 씻어서 물기를 빼고 콩알 크기로 잘게 다진 뒤, 멸장(멸치젓을 거른 맑은 장)과 실파, 다진 마늘, 깨를 넣고 무친다.

2. 말린 해초는 물에 불려서 잘게 썰어 둔다.

3. 오이는 채 썰어 찬물에 헹궈

놓는다. 홍고추는 곱게 다진다.

4. 달걀은 지단을 부쳐 가늘게 채 썬다.

5. 그릇에 밥을 담고 깨, 참기름 두르고 김, 지단, 오이, 해초, 그리고 먼저 양념해 두었던 멍게를 차례로 오방색 맞추어 담은 뒤 다진 홍고추로 고명을 얹는다.

〈 한맛 더하기 비법 〉
• 해초는 가시리를 주로 사용하는데, 다른 해초로 대체할 수 있다. 취향에 따라 냉장고에 있는 채소나 해초를 사용하면 된다.
• 김은 조미 김보다 생김을 사용하는 것이 좋다.
• 무쳐 놓은 양념 멍게는 숙성할수록 맛이 좋은데, 일주일 정도까지 냉장 보관하며 반찬으로 먹어도 좋다.

개조개 유곽

유곽은 통제영 음식 중 하나다. 통제영 음식은 격을 높여서 이름을 지어 부른다. 예를 들어 방풍나물을 방풍탕평채라 부르는 것처럼 다른 지역에선 개조개구이라 하는데 통영 사람들은 유곽이라 한다. 통제영의 음식은 따로 기록으로 모아 둔 게 없다. 조선시대 통제사 일기와 통제영을 방문했던 다른 지방 수령의 일기 등에만 간간이 남아 있다. 기록은 희미하지만 유곽은 통영 사람들의 삶에 뿌리 깊이 들어와 여전히 사랑 받고 있다. 앞으로 통영 전통음식에 대한 연구가 활발하게 이루어져, 통영 음식의 명칭도 더 정확하게 유래와 자료를 찾아내는 것이 우리들의 숙제다.

통영에서 유곽을 만드는 개조개는 우리나라 남해안과 서해안 전반에 걸쳐서

흔히 볼 수 있는 수산물이다. 예전에는 바닷가에 나가면 지천으로 깔려 있어서 개조개라 부르지 않았을까 추측한다. 1970년대만 하더라도 거제, 통영 어민들의 소득에 큰 기여를 했다. 사천 앞바다, 욕지 앞바다, 거제 장목 바닷가 속에 들어가기만 하면 잡힐 정도로 많았으나 요즘은 그만큼은 되지 않는다.

개조개는 색이 진하고 들었을 때 무거우며 살짝 건드렸을 때 반응을 빨리 하는 것이 신선하고 좋다. 죽은 것은 두 개를 잡아 부딪치면 펄이 가득 차 소리가 탁하다.

유곽 만들기는 조개 다듬기부터 시작이다. 솔로 씻고 해감한 개조개는 칼을 촉수 부분에 집어넣어 양쪽 안 껍질을 갈라 살을 끄집어 손질한다. 조갯살은 검은색 내장 부분을 떼고 입속에 든 모래를 제거해서 살만 잘게 다진다. 다진 소고기(취향에 따라 돼지고기도 가능)와 조갯살을 프라이팬에 올려 청주와 후추를 넣고 보슬보슬하게 볶는다. 양파, 당근, 방아잎과 청양고추, 홍고추를 다져서 조개와 고기 볶는 프라이팬에 넣고 된장, 고춧가루, 다진 파, 다진 마늘, 생강, 깨소금, 참기름 등의 양념과 밀가루를 넣어 풀어지지 않게 볶아 소를 만든다. 깨끗이 닦은 조개껍질에 참기름과 밀가루를 바르고 앞서 만든 소를 소복하게 채워 넣은 뒤 남은 조개껍질로 뚜껑을 맞춰 덮어 석쇠나 프라이팬에 올려 은근한 불에 굽는다. 예전에는 손님 상에 올리거나 유곽비빔밥을 해 먹기도 했고, 포장마차에서 팔기도 했다.

▲ 속을 채우기 전 기름을 먼저 발라야 맛있고 잘 떨어진다. 예전에는 연탄이나 숯불에 구웠으나 오븐에 구우면 속까지 잘 익고 편하다.
▼ 개조개는 너무 크지도 작지도 않은 중간 크기로 고른다.

통영 우럭조개

통영 우럭조개는 갯벌에 서식하는데 이즈음 물이 많이 빠지는 때 채취한다. 손질은 간단하다. 까만 아가미와 미끈한 점액질을 제거하고 펄을 없애면 탱글탱글 실한 알맹이가 나온다. 손질한 조개를 살짝 데친 숙회는 원초적인 단맛과 부드러운 살점이 인상 깊은데 우럭조개와 같이 맛이 드는 통영 시금치를 곁들여 먹어도 잘 어울려 봄이 오는 맛을 맛을 제대로 느낄 수 있다. 보글보글 맑게 끓인 우럭조개탕, 우럭조개된장국, 채소를 넣고 버무린 우럭조개무침 등도 맛있다.

군소

군소는 바다에서 나는 약이다. 해삼을 바다의 인삼이라고 부르곤 하는데 군소는 바다의 산삼이라 생각한다. 장뇌삼을 씹으면 그렇듯 살짝 쌉쌀한 맛이 나고 쫄깃하고 담백함도 느낄 수 있다. 군소는 미역이나 해초가 자라는 곳에서 잡는다. 사량도 한 마을 이장님 댁에서 요리하는 것을 본 적 있는데, 군소를 잡아 바다에서 내장을 모두 다듬고 집에 와서 삶아 요리했다. 수분이 많아서 물을 넣지 않고 15~20분 정도 삶은 뒤 5분 뜸을 들인다. 삶는 시간이 길어지면 질겨지고 너무 부족하면 물컹해진다. 삶은 군소는 민물에 깨끗하게 빨래 빨듯이 비벼 씻고 얇게 썰어서 참기름장에 찍어 먹거나 풋마늘과 무쳐 먹는다.

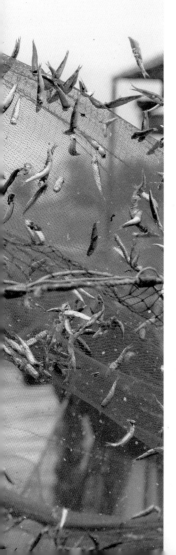

바 다 도 사 람 도
쉴 틈 없 이
반 짝 인 다

3월에는 바다와 시장이 눈부시다. 봄 햇살이 바다에 부서지며 윤
슬이 반짝이고 제철을 맞은 멸치배가 그 바다 위로 물살을 가르며
바쁘게 오간다. 멸치는 바다에서 건져 배에서 바로 삶아서 건조해
경매장으로 간다. 멸치의 반짝임이 시장까지 가득 채운다.
먼 바다에 자리한 섬 매물도는 미역을 말리느라 검은빛이다. 수심
깊은 곳에서 거친 물살을 겪은 검푸른 미역이 해녀들 손에 이끌려
올라온다. 뭍에 도착하면 미역은 바로 건조에 들어간다.
봄의 시작, 통영 바다에 기대어 사는 이들의 손길이 바쁘다.

작지만
맛의 바탕이 되는
생선

멸치

통제영 시절에도 멸치는 국물 음식에 요긴한 재료였다. 멸치로 젓갈을 담가 멸치가 삭으면 용수를 이용하여 이를 떠내 생젓국으로 요리에 조미료로 썼다. 생젓국을 뜨고 남은 것은 물을 적당히 섞어 솥에 달인 뒤 시루에 솔잎을 깔고 베보에 밭쳐서 멸장을 만들었다. 어르신들은 차가운 서풍이 불면 젓국이 굳으니 내리지 말라고 했다. 통영 음식에는 이렇게 만든 젓국과 멸장이 감칠맛을 내는 데 빠질 수 없는 재료다.

정약전의 〈자산어보〉, 이규경의 〈오주연문장전산고〉, 김려의 〈우해이어보〉 등 조선시대 문헌에도 멸치가 등장하곤 하는데 말리거나 회로 먹고, 젓갈도 담그고, 국도 끓이는 등의 쓰임새가 지금과 크게 다르지 않아 보인다. 기록이 많지 않고 자세하지 않아 정확히는 알 수 없으나 바닷가 사람들에게 요긴한 식재료였음을 유추할 수 있다.

남해 지역에서는 예전부터 생선을 햇볕에 말려 두었다가 끓인 국물이 일상적
으로 요리에 많이 쓰였다. 멸치도 그와 같은 선상에 있어 바로 펼쳐 널어 말리
는 형태였다. 일본의 가공 방식이 들어오며 잡아 온 뒤 육지에서 삶아서 널어
건조하는 것으로 바뀌었다. 같은 멸치라도 가공까지 걸리는 시간에 따라 신선
도가 달라지기에 지금은 멸치를 잡으면 배에서 바로 삶고 건조에 들어간다.
권현망멸치는 금어기가 4월부터 6월말까지인데, 경매는 1년 내내 한다. 여름
에 잡히는 것은 기름이 많아 오래 저장하지 않는다. 추석 지나고 10월경에 나
는 멸치는 오래 저장이 가능하다. 정치망 멸치는 1년 내내 작업한다.
멸치는 크기에 따라 구분하여 부르는데, 가장 작은 멸치가 세멸, 다음이 자멸,

소멸, 중멸, 가장 큰 국물용은 대멸이다. 쓰임에 따라 취향에 따라 크기는 선택하면 되는데, 노랗게 변해 있다면 기름이 난 것이라 맛이 떨어지니 피하는 게 좋다. 건조가 많이 되어도 좋지 않으니 손으로 잡아 보아 부드러운 멸치를 고르면 된다. 종종 배가 붉은 멸치가 있는데, 새우를 먹은 흔적이라 더 맛이 있다.

기름기 많고 성질 급한 멸치는 생으로는 보관성이 좋지 않아서 건조한 멸치로 유통하지만 통영에서는 제철 시장에 나가면 할머니들이 앉아서 생멸치를 손질하는 모습을 흔히 볼 수 있다. 멸치는 보통 봄에 나는 봄멸이 가장 큰데 통멸, 굵은 멸치, 혹은 젓국멸치라고도 부른다. 회무침으로 먹고 젓갈도 담그고 멸치조림도 끓여 먹는다. 마른멸치에서는 느낄 수 없는 단맛이 있다.

▲ 마른멸치는 구입 뒤 소분하여 밀봉, 냉동 보관하면 오래간다.
▼ 생멸치를 마지막에 막걸리로 헹구면 살도 탱탱해지고 비린내를 잡아 준다.

든든한
밥상 위 주인공,
멸치조림

대부분의 내륙 사람들에게 멸치는 '마른멸치'로만 존재하지만, 통영에서는 제철 생물 멸치로 다양한 음식을 한다. 여느 생선과 다름없이 조림도 즐겨 해 먹는데 자작한 국물과 고소한 멸치 살을 밥과 함께 상추에 싸 먹으면 맛이 그만이다.
뼈까지 부드럽게 씹히고, 따로 육수를 챙겨 넣지 않아도 국물까지 맛있다.

3인분 기준

재료: 손질한 멸치 200g,
우거지 200g, 물 300ml,
양파 80g, 대파 60g,
다진 마늘 20g, 된장 20,
고춧가루 20g, 진간장 40g,
홍고추 1개, 청고추 2개,
후추 조금

1. 멸치는 대가리와 내장을 제거하고 흐르는 물에 씻어 비늘을 제거하고 건져 둔다.

2. 배추 우거지는 삶아 길게 찢어 놓는다.

3. 냄비에 손질한 우거지 깔고, 멸치 얹고, 물을 자박하게 넣고, 고춧가루, 다진 마늘, 채 썬 양파, 홍고추와 청고추, 대파는 어슷하게 썰어 올린다. 진간장으로 간을 맞추고 마지막에 후추도 살짝 쳐서 뚜껑 덮고 센 불에 냄비를 올려 끓이다 끓기 시작하면 중불에 익힌다.

4. 멸치가 익으면 바로 불을 끈다. 멸치는 오래 익힐 필요가 없다.

〈 한맛 더하기 비법 〉
• 모든 재료를 한 번에 냄비에 안쳐야 멸치 모양이 흐트러지지 않는다.
• 배추 우거지가 아니어도 씻은 묵은지를 넣고 끓여도 된다.
• 상추에 싸서 먹으면 좋다.

▲ 투명할수록 신선한 병아리다.
▼ 병아리는 일일이 수작업으로 잡
는다.

병아리(사백어)

봄에 나는 병아리, 진달래 필 때 나오는 병아리, 봄을 알리는 작은 몸짓 병아리는 봄에만 허락된 맛이다. 통영 인근 바다에서 서식하는데 이 물고기의 정식 명칭은 '사백어', 죽은 후에 몸이 흰색으로 변한다고 해 붙여진 이름이다. 예전에는 많이 잡혔는데 요즘은 귀한 몸이다. 해마다 즐기던 별미지만 몇 년 전 먹어 본 뒤로 나오지 않아 철이면 기다리고 있다. 바다에도 해거리가 있다.

만조 때 산란을 위해 기수지역 민물로 올라오는데 이른 봄부터 한 달 반 정도 그물로 잡는다. 알을 낳고 나면 죽어 수명은 1년 정도다. 속이 비치는 반투명한 몸에 다 자라면 5~6센티미터 정도다.

병아리는 한 종류이지만 나는 지역마다 모양이 조금씩 다르고 잡는 방법도 다르다. 통영은 그물로 뜨기 형식으로 잡고, 거제는 낮에는 새를 쫓아 병아리가 올라오게 한 다음 그물로 잡고 밤에는 횃불을 비추어 유인하여 잡는다. 고성과 남해는 고정 그물로 물때에 맞추어 잡는다.

통영 인근 지역에서는 오래전부터 먹어 왔다. 민물에 살짝 헹궈 살았을 때 먹어야 비린내가 안 나고 병아리의 오독오독한 씹는 맛을 느낄 수 있다. 좋은 회처럼 입에서 녹는 맛, 식감도 재미있고, 고

소하면서도 깔끔하고 담백하며 소화가 잘돼 어르신들이 좋아하는 맛이다.

병아리무침

민물에 살짝 점액질을 씻어 파, 미나리, 배 등 갖은 채소와 병아리를 담아 초장을 얹어 먹으며 비린 맛이 전혀 없는 고소하고 담백한 맛의 살이 부드럽게 넘어간다.

병아리국

병아리는 국으로도 끓이면 깔끔하고 구수하고 부드러운 맛이 난다. 달걀국 같은 술국이다. 물이 끓을 때 소금, 멸장으로 간을 하고 달걀, 쪽파, 병아리를 그릇에 섞어 숟가락으로 떠서 동동 뜨게 가볍게 끓인다.

병아리전

풀어 놓은 달걀물에 밀가루 묻힌 병아리를 담가 한 숟가락씩 떠서 부치면 고소한 병아리전이 된다. 간단하지만 별미다.

▲ 병아리무침은 버무리지 않고 초장을 위에 뿌려 먹는다.
▼ 병아리국은 오래 끓이지 않아야 한다.

미역

이순신 장군이 쓴 난중일기에도 보면 미역국을 즐겨 먹었고 어머니에게도 보냈다는 기록이 있다. 그 시절에도 한산도 미역은 민초들이 즐겨 먹었던 음식으로 한산도 진영에서 미역을 직접 채취하여 진상품으로 올렸다.

매물도, 한산도, 통영과 거제 사이의 견내량 등에서 미역이 나는데 지역마다 채취 시기도 맛도 다르다. 한산도는 양식을 하는데 11월에서 4월, 견내량은 자연산으로 배에서 장대로 채취하는데 4월에서 5월, 매물도 미역은 해녀가 수심 깊은 곳에 들어가 1월에서 5월까지 채취한다. 통영 미역은 봄 바다에서 건져 올린 검은 보석이다.

매물도 미역은 건져 내 바닷가에서 말리는데 볕 좋은 날 사흘이면 마른다. 말릴 때 길이가 140센티미터 정도가 되도록 미역을 이어서 맞춘다. 그런 줄기 하나를 '나무'라고 하는데 미역 한 단은 서른 나무를 모은 묶음이다. 나무가 서른 개인 이유는 한 달간 산후조리를 하며 하루에 하나씩 먹으라는 의미였다고 한다.

매물도 미역을 채취하는 해녀는 오래전 제주에서 물질 왔다가 정착한 분들로 연세가 많아 작업이 전 같지 못하다. 그마저도 겨우 세 분만 남았다. 해남이라도 구해서 하면 좋으련만 언제까지 이어질지 알 수 없다. 젊은 사람이 없어서 갯닦기도 요즘은 안 한다고 했다.

자연산 돌미역은 오래 끓여도 잘 풀어지지 않고 오돌오돌하면서 댕댕한 식감이 살아 있다. 마른 미역은 습기 먹지 않게, 햇빛 보지 않게 보관해야 맛이 변하지 않는다.

미역설치

생미역은 점액질이 많아 찬물에 여러 번 많이 빨아야 맛있다. 짠맛, 떫은맛이 빠지고 부드러워진다. 생미역이 날 때면 통영에서는 삼삼한 미역설치를 많이 해 먹는다. 콩나물 삶은 물은 식혀 두었다가, 소금으로 무친 콩나물과 깨끗이 빨아 멸장으로 무친 생미역나물을 한데 넣어 섞는다. 시원하고 아삭한 맛이다.

생선 미역국

미역국을 끓일 때도 통영에서는 소고기보다는 생선을 넣는다. 끓는 물에 간만 살짝 하여 생미역과 생선을 넣고 끓이면 뽀얗게 국물이 우러난다. 노래미, 낭태, 도미, 감성돔, 우럭, 도다리 등을 넣는데 비린내가 심한 생선은 피한다.

통영 김

통영의 자연산 돌김. 많은 통영의 섬에서는 김을 채취해서 생계를 이어가고 아이들을 학교에 보냈다. 김을 판매할 때 '톳'이라는 단위가 있는데 섬마다 두께에 따라 서로 수는 다르지만 전체 무게와 두께를 맞춰서 '한 톳'으로 쳤다. 주로 섬에서 상품화할 수 없는 파치 김을 밥에 싸서 김치랑 같이 먹던 방식을 육지 어머님들이 장사에 활용한 것이 '충무김밥'의 원조다.

미더덕

통영에서는 멍게보다 미더덕 향을 더 높이 친다. 미더덕은 멍게, 굴 등의 양식장에서 멍게를 건져 낼 때 줄에 붙어 있다 따라 올라오는 것을 먹는데 자연산과 다를 바 없어 맛이 좋다. 언제부턴가 마산 진동만에서 대량 양식을 시작, 통영에서도 많이 유통된다. 아예 공장에서 껍질을 까서 넘어오는 것도 있고, 시장에서 할머니들이 앉아서 칼로 직접 까서 파는 경우도 있다. 껍질을 깐 미더덕은 터트려서 안에 든 물을 빼고 향이 빠지지 않도록 민물에 가볍게만 헹군 뒤 조리한다. 회로 먹고 찜 해 먹고 된장찌개에 넣어서 먹는다. 통영에서는 요리에 넣는 것보다 회를 선호하는데, 그 맛 자체를 즐기기 위해 초장 같은 것을 찍지 않고 그대로 먹는다. 근거는 없지만 내 마음속 미더덕은 맛있을 '미(味)'에 씹을 때 '오도독' 하는 소리와 식감이 더해진 이름으로 생각된다.

모든 것이
바뀌는
경계의 시간

민들레, 유채, 배추꽃, 개나리, 수선화 등 작고 노란 꽃들이 육지에서 자꾸 눈에 띄는 4월이면 바다는 남아 있던 찬 기운과 함께 마지막 맛을 밀어올리고, 땅은 새로운 생명들이 서로 다투듯이 피어난다. 바다와 땅의 경계에 있는 통영에서는 둘이 겹치는 모습을 곳곳에서 만난다. 계절도 공간도 끝인지 시작인지 애매하다. 바다의 봄이 좀 빠르다면 육지의 봄은 늦게까지 온다.

이때 시장에 죽순이 나온 것을 보면 피부로 봄이 느껴진다. 그뿐만 아니라 쑥, 머위, 원추리, 가시오가피순, 땅두릅, 도다리, 숭어 등이 시장을 채운다. 성게도 익어 간다. 바다는 쉬어 가는 계절에 접어들고, 땅은 잠에서 깬다.

4월이면 물이 많이 빠지는 날에 맞춰 개발을 한다. 갯가에서 나는 것을 채취하고 바다 농사를 짓는 것이다. 물이 빠졌을 때 조개나 미역 등을 수확하고, 다음 해를 위해 씨를 뿌린다.

섬 쑥이
돋아날 무렵
찾아오는

도다리

예전 통영 사람들은 동지 지나 정월대보름 사이 도다리쑥국을 꼭 먹어야 한 해를 건강하게 난다는 믿음을 갖고 있었다. 섬에서는 지난 해 묵은 쑥 줄기에서 새순이 나오는데 이때쯤 도다리도 산란 전이라 몸에 영양분을 비축하여 가장 맛이 좋다. 둘을 함께 넣고 끓인 것을 약도다리쑥국이라 하는데 짧은 기간 동안만 먹을 수 있었다. 시대가 변하고, 찾는 이들이 많아지면서 지금은 쑥이 억세지기 전까지 도다리쑥국을 끓여 먹는다.

추운 겨울을 보내고 따뜻한 봄을 기다리는 마음은 도다리쑥국으로 투영된다. 방송에서 도다리쑥국을 취재해서 내보내는 봄철에는 통영을 찾는 관광객들을 위한 도다리쑥국의 향연이 펼쳐진다.

날은 추워도 정월부터 통영 시장에는 쑥이 나오기 시작한다. 해풍 맞고 자란 어린 쑥을 최고로 친다. 여린 쑥 순은 약이다. 섬에 쑥이 나기 시작하면 쑥을 모아서 육지로 보낸다. 이 쑥을 시장 상인들이 받아 쑥향을 펼치면서 이른 봄이 오는 것을 알린다. 그렇게 섬 쑥이 나기 시작하면 땅두릅을 비롯해 이른 봄 나물들이 통영의 시장에 모습을 드러낸다.

제주도 근처에서 겨울 산란기를 지낸 도다리는 매년 2월쯤부터 통영 앞바다로 올라온다. 산란기를 지내려 살이 오를 대로 오른 담백한 도다리, 겨울 땅을 녹이고 올라온 은은한 쑥향이 서로 만나 맑은 수프를 마시는 느낌이다. 부드러운 맛과 향이 입안 가득히 봄을 선사한다.

가장 향긋한
한 그릇
도다리쑥국

도다리는 등에 검은빛이 진하고 윤기가 있으며 배쪽이 하얀색을 띤 것이 좋다. 쑥국을 끓일 때는 알찬 암컷보다는 수컷이 더 맛있다.

도다리 머리와 꼬리에 칼집을 넣어 피를 빼고 크기에 따라 두세 토막으로 자른다. 도다리쑥국을 끓일 때 쌀뜨물을 사용하기도 하고, 멸치 육수를 내기도 하고, 맹물로 끓이는 집도 있다. 취향에 따라 선택하면 된다.

3인분 기준
재료: 도다리 800g, 어린 쑥 80g, 쌀뜨물 1.6L, 멸장 56g, 소금 4g, 홍고추 1개

1. 도다리는 비늘을 긁고 토막내서 깨끗이 손질한다. 쑥은 깨끗이 씻어 놓는다.

2. 냄비에 준비한 쌀뜨물을 모두 넣고 팔팔 끓으면 손질한 도다리를 넣어 잠시 끓이다가 중불로 줄인다.

3. 도다리가 다 익으면 쑥을 넣고 살짝 더 끓인다.

4. 멸장과 소금으로 간을 맞추고 홍고추를 어슷하게 썰어 넣고 바로 불을 끈다.

〈 한맛 더하기 비법 〉
• 도다리쑥국은 마늘, 대파 등 다른 향신채는 사용하지 않고 쑥 본연의 향과 맛을 살려 끓여야 맛있다.
• 어린 쑥은 그대로, 큰 쑥은 먹기 좋게 썰거나 찢어서 넣는다.
• 도다리쑥국은 집집마다 끓이는 방법이 달라서 된장을 풀거나 씻은 묵은지를 넣어서도 끓인다. 간단하게 끓여야 쑥과 도다리 본연의 맛을 즐길 수 있다.

숭어

옛날에는 봄철 보릿고개를 넘길 수 있게 도와준 식재료라 보리숭어라고도 불렀다. 숭어는 성장 단계와 지역에 따라 부르는 이름이 100개가 넘는 물고기다. 통영에서는 모모대미라고 부른다.

거제의 전통 방식인 육소장망 숭어잡이는 200여 년의 역사를 가지고 있다. 한 번에 많으면 2만 마리까지 잡는다고 하는데 잡는 풍경도 장관이다.

육소장망 어업법은 예로부터 숭어가 떼 지어 다니는 물목에 여섯 척의 목선이 그물을 부려 놓고 기다리다가 절벽에 망을 보던 어로장이 숭어떼를 발견하고 "후려라" 소리치면 동시에 그물을 올려 잡는 방식이다. 물길에 따른 숭어의 움직임을 읽어야 한 번에 많이 잡을 수 있다. 한 번 놓치면 그날은 다시 숭어떼를 만나기 힘들다. 물길 흐름을 읽는 것이 쉽지 않다. 그래서 망수는 경력 30년 이상인 고도로 촉이 예민한 분이 대대로 맡는다.

이 시기에 잡히는 숭어들은 다들 눈이 멀어 있다. 숭어의 눈에는 '지검'이라는 눈꺼풀이 있는데 겨울을 지나면서 얇은 막처럼 피하지방이 쌓이면서 시야가 흐릿하여 쉽게 잡힌다.

숭어는 생명력이 강하고 서식환경이 넓어 오염이 심한 지역에서도 잘 적응하고 살지만 생산 지역에 따라 맛은 차이가 날 수밖에 없다. 청정한 남해 연안에서 잡히는 숭어를 으뜸으로 친다. 특히 통영, 거제에서 나는 숭어는 대가리에서 꼬리까지 버릴 게 하나도 없다.

손질 과정에서 맛볼 수 있는 세 가지 특별 부위가 있는데 아가미살, 밤, 그리고 뱃살이다. 개인적으로는 가장 맛있는 부위는 뱃살이라고 생각한다. 밤은

한마디로 모래주머니인데, 밤톨같이 생겨서 붙여진 이름으로 굵은 소금에 찍어 먹으면 맛있다.

숭어국찜

봄철에 숭어가 많이 나고 맛있을 때 산에서 나는 제철 나물과 묽게, 풀어지지 않은 어죽처럼 쒀서 동네 사람들과 나눠 먹던 옛날 방식의 음식이다. 먹을 게 없던 시절에 숭어국을 걸쭉하게 하여 밥 없이 먹었다.

깨끗하게 핏물을 제거한 숭어 뼈와 머리에 된장과 얇게 저민 생강을 넣고 한 시간 고아 국물을 우린다. 숭어는 껍질 채 두툼하게 썰어 된장과 제피가루, 다진 마늘과 생강, 고추, 그리고 쌀가루와 밀가루를 4:1 정도로 넣고 버무려 주면 찰기가 생긴다. 그렇게 밑간을 해서 재워 두었다가, 산뜻하고 향이 좋은 산나물, 우려 둔 육수와 함께 숭어가 익을 정도로만 끓인다. 너무 오래 끓이면 쌀가루가 퍼지고 국물 맛도 텁텁해진다.

숭어회쌈

숭어가 날 때면 묵은지가 들어갈 때다. 묵은지는 씻고, 숭어도 묵은지처럼 얇게 포 뜨듯이 썰어서 묵은지, 숭어, 된장에 밥도 넣어 쌈처럼 싸서 먹으면 별미다. 초장에 회를 찍어 먹던 문화가 없던 시절부터 회를 즐기던 방식이다.

▲ 숭어국찜은 여럿이 나눠 먹는 음식이다.
▼ 숭어회쌈은 꼭 묵은지가 아니어도 김치와 잘 어울린다.

숭어껍질

음식 모임을 함께하는 지인이 갈도에 잠시 살았던 적이 있는데 김이 없어 숭어껍질에 밥을 말아 먹은 기억이 있다고 한다. '숭어껍질에 밥 싸 먹다 논 판다'는 말이 있다. 그만큼 숭어껍질이 맛있다는 것이다. 껍질만 따로 초고추장 무침을 해 먹으면 오돌오돌한 식감과 맛이 별미 중에 별미다. 손질한 숭어껍질은 끓는 물에 꼬들꼬들하게 살짝 데쳐 바로 찬물에 집어넣어 물기를 제거하고 기름장에 찍어 먹거나 밥을 싸서 먹고 무침도 한다.

숭어어란

통영에서도 어란을 만들어 먹었다. 숭어는 저렴하지만 만들어 파는 숭어어란은 비싸 쉽게 사 먹을 수 없는 음식이다. 조선시대에도 귀한 술안주였던 어란은 중국에서는 미녀를 홀리는 술안주, 일본은 3대 진미라 했다. 숭어철이 되면 시장 활어 파는 상인에게 숭어 참알만 모아 달라 부탁하여 배워 둔 통영 방식으로 어란을 만들어 먹는다. 불에 달군 칼로 종잇장처럼 얇게 저며 먹으면 혀끝과 이 사이에 달라붙어 음미하면 부드럽고 고소한 단맛과 약간의 비린내, 사르륵 녹는 오묘한 풍미다.

▲ 숭어껍질을 이용해 김밥 싸듯이 김발로 말아도 먹기 좋다.
▼ 어란은 다른 생선 알로도 만들 수 있고 시간이 걸리지만 만들기 어렵지 않다.

쑥버무리(쑥틸틸이)

쑥은 연한 것으로 골라 다듬어 씻고 물기를 뺀다. 쑥, 멥쌀가루, 소금, 설탕을 넣어 고루 섞는다. 찜기나 시루에 안쳐 면보를 덮고 20~30분 정도 찐 뒤 잔열로 익힌다.

진달래꽃지짐과 쑥지짐

화전이라 하면 쌀가루를 반죽해서 프라이팬에 작고 동그랗게 올리고 꽃잎 한 장을 위에 올려 주는 것이 보통이나 통영에서는 꽃을 멥쌀가루에 섞어 그대로 반죽하여 지져 낸다. 입안 가득 봄 향기다.

진달래꽃에서 수술을 떼어 내고 깨끗이 씻어 물기를 제거한다. 멥쌀가루를 넣어 반죽한다. 반죽을 떼어 동그랗게 빚어 팬에 굽는다. 구워 낸 지짐 위에 설탕을 뿌린다. 꽃지짐이 뜨거워 설탕이 녹는다. 설탕이 시럽으로 흘러내릴 정도로 많이 뿌리기도 한다. 설탕은 기호에 맞게 조절한다.

다른 지역에 비해 날이 따뜻한 통영은 쑥이 일찌감치 나오기 시작한다. 도다리쑥국을 끓이거나 된장을 풀어 쑥국을 끓이기도 하고, 쑥떡도 한다. 그 쑥으로 지짐도 만들어 먹는다.

쑥을 깨끗이 씻어 물기를 빼고 밀가루와 멥쌀가루를 넣어 반죽한다. 반죽을 떼어 팬에 부친다. 부쳐 낸 지짐 위에 설탕을 뿌린다.

고사리와 고비

얼핏 보면 비슷하여 헷갈리는데 고사리와 고비는 순의 모양이 다르다.

고사리나물은 통통하고 흑갈색이 도는 것, 그늘에서 천천히 자란 것이 맛있다. 4월 통영 시장에 나가면 생고사리가 나와 있다. 생고사리는 말린 고사리와 달리 부드러운 식감이 일품이다. 생고사리는 초록색을 띠며, 대가 통통하고 부드러운 것을 고른다. 생고사리는 5분간 데친 뒤 네 번 이상 깨끗한 물로 갈아 주며 12시간 이상 담가 두어야 독성물질을 제거할 수 있다. 생강즙을 넣으면 특유의 비린 맛이 사라진다.

고비나물은 쓴맛이 고사리보다 강하다. 자주색 대가 팥고비이고 솜털이 없는 고비가 맛있다. 육개장 끓일 때 넣으면 고사리보다 식감이 좋다.

마늘

통마늘을 수확하는 것은 6월이지만 통영에서는 풋마늘을 유독 즐긴다. 회를 즐겨 먹어 비린내를 잡아주는 풋마늘을 된장에 찍어 먹는 문화다. 섬에서 오는 풋마늘은 향도 강하고 달짝지근하고 덤덤한 마늘 맛이 난다. 먹고 나면 청량감이 입에 남는다. 풋마늘로는 풋마늘김치도 담가 먹는다. 푹 삭은 풋마늘김치는 파김치랑 비슷한데 매운맛이 없고 시큼한 맛이 나서 봄철 입맛 살리는 별미다. 막 썬 회 한 점 먹고 된장 찍은 풋마늘 한입을 베어 물면 기가 막힌 조합이다. 통영 사람이 회와 곁들여 먹는 음식 문화다.

공멸(까나리)

멸치와 비슷하게 생겼으나 다른 종이다. 통영에서는 공멸이라 부르고 4월 즈음 잠깐만 볼 수 있는 별미다. 공멸은 다듬지 않고 통째로 깨끗이 씻어 소쿠리에 건져 놓는다. 단배추(얼갈이) 우거지는 데쳐서 준비한다. 무를 깔아도 된다. 된장, 간장, 고춧가루, 마늘, 후추를 넣어 양념장을 만든다. 우거지를 양념장에 무쳐서 물을 붓고 먼저 끓여 우거지가 무르면 공멸을 넣는다. 공멸이 살짝 익으면 양파와 청고추, 홍고추를 올리고 한소끔 끓인 뒤 불을 끄고 남은 열기로 뜸을 들인다. 공멸찌개는 오래 끓이면 공멸이 부서져 모양이 보기 좋지 않다. 옮겨 담다 공멸이 부서질 수 있으니 상에 낼 때는 냄비째로 올린다.

바다는
가장 아름다운 때
휴식에
들어간다

바다가 가장 아름다운 때가 왔다. 해무도 아름답고 빛도 좋다. 동
피랑에 올라가 보면 봄이 한껏 와 있다. 시장에도 남쪽의 봄을 만
끽하러 여행 온 이들이 넘실댄다.

비진도 앞바다에서 전어가 나기 시작하는데 계절이 바뀌는 신호
탄 같다. 여름이 머지않았음을 알리는 것이다. 땅에는 열무가 자
라는데, 통영 사람들은 이때 계절을 맛보려 열무를 살짝 데쳐 벼
락김치를 만들어 먹는다.

밖에서 보는 바다는 그 어느 때보다 아름답지만 바다의 물산은 한
해를 마무리하고 다음 겨울을 위해 잠이 든다. 그러면 그동안 채
취한 것들을 정리하는 손길이 바쁘다. 우뭇가사리도 말리고, 미역
도 말리고 어부들은 그물도 손질한다. 도심에서 조금만 벗어나면
마늘을 말리는 풍경, 갈무리한 종자들을 말리는 풍경도 흔히 마주
친다. 바다의 계절이 바뀌는 때, 여름이 코앞에 다가왔다.

화려하고 풍성한
잔칫상의
주인공

도미

도미는 잔칫상에는 빠질 수 없는 귀한 생선이다. 길게는 50년까지 살아 장수를 의미하여 회갑연에, 일부
일처제를 지킨다 하여 혼례상에도 올렸다. 참돔, 감성돔, 청돔, 황돔, 붉돔, 흑돔 등 종류가 다양하다. 그
중 참돔을 제일로 친다. 도미는 회로 먹어도 좋고 구워 먹어도 좋지만 귀한 자리에는 정성을 다한 찜을
올린다.

생선이 풍부한 통영에서도 도미찜은 귀한 요리였다. 조선시대 한양에서 통제사가 발령을 받아서 먼 길
을 내려오면 도임식을 하며 큰 잔치를 벌였는데 그때도 상에 올렸다. 궁중식은 도미를 쪄서 색색의 고명
을 정갈하고 단정하게 올리는 방식이지만, 통영은 도미 등을 갈라서 양념한 소고기와 채소를 채워 넣고
찐 화려하고 푸짐한 방식이다.

조선시대 궁에서 진연이나 큰 잔치를 열면 사대부를 초청해서 사람마다 각상을 차려 주고, 음식을 가져
가게 하였다. 그렇게 궁 밖으로 나온 궁중 음식은 사대부 가문에 스며들고 자신들의 음식으로 발전시키
고, 또 지역으로 전출 가며 지역 음식에도 영향을 미치지 않았을까 추론해 본다. 통제영이 있는 통영은
팔도에서 다양한 음식 문화가 전해졌던 지역이다. 통영 사람에게는 다른 문화를 받아들이는 유연한 기
질이 있다.

궁중 음식 하면 화려한 것이 기본인데 궁중 음식이 통영으로 전해지면서 풍성함까지 더해졌다. 지금도
통영에서는 집안 어른의 생신이나 결혼과 같은 잔치, 귀한 손님이 오셨을 때 빠질 수 없는 음식이 바로
도미찜이다. 도미찜 없이는 잔치라고 할 수 없을 만큼 잔칫상의 주인공 역할을 한다.

정성을 안팎으로
가득 채운,
도미찜

도미찜에서 핵심은 통째로 지느러미까지 형태를
그대로 살려서 요리를 하는 것이기 때문에 칼집
하나 넣는 것도 조심해야 한다. 보통 내륙에서 생
선을 손질할 때는 배를 갈라서 하지만, 모양을 살
려서 요리를 하려면 배보다는 등을 따야 좋다. 그
래야 모양이 흐트러지지 않는다. 갖가지 재료를
다져 넣어 속을 채우고 마지막에는 오방색 고명을
올리는데, 이는 먹는 사람의 건강을 기원하는 의
미를 담고 있다.

재료: 도미 2kg(1마리), 조갯살 100g, 숙주(또는 콩나물) 50g, 방풍 30g, 삶은 고사리 30g, 방아 잎 30g, 부추 30g, 된장 15g, 고추장 25g, 다진 파 10g, 다진 마늘 10g, 밀가루 약간, 달걀 1개, 멸장 조금, 참기름 3g
고명: 오이, 당근, 달걀, 미나리, 표고, 석이 조금씩

1. 도미는 비늘을 제거하고 아가미 쪽으로 내장을 빼 깨끗이 씻어 물기를 뺀 다음 등지느러미 쪽으로 칼집을 깊이 넣고 살을 조금 도려낸다. 손질한 도미에 소금을 뿌려 간을 한다.

2. 도려낸 도미 살, 쇠고기, 조갯살을 각자의 맛이 느껴질 정도로 곱게 다져 둔다.

3. 고사리는 푹 삶고, 숙주는 데치고, 방풍은 쪄서 잘게 썬다. 방아와 부추도 잘게 썬다.

4. 참기름 두른 팬에 쇠고기를 볶다가 조갯살도 넣어 볶는다. 조갯살이 익으면 부추, 방아, 고사리, 숙주, 방풍 순으로 넣어 같이 볶는다. 볶은 속 재료가 식으면 밀가루 약간과 달걀을 넣어 고루 섞는다. 간은 멸장으로 하는데 조선간장을 써도 된다. 기호에 따라 고추장과 된장도 약간씩 넣는다.

5. 소금 간한 도미의 물기를 제거하고, 등지느러미 쪽으로 만들어 둔 속을 채우고 아가미 쪽으로도 채워 빈 공간이 없게 넣는다. 속 재료가 흘러나오지 않도록 실로 잘 묶는다.

6. 찜솥에 물을 적당히 받고, 찜틀에 나무젓가락을 깔아 바닥에 닿지 않도록 도미를 얹는다. 센불에서 김이 오르면 중불로 줄여 도미가 익을 때까지 찐다. 불을 끄고 뚜껑을 닫아 뜸을 들이고 고명을 준비한다.

7. 오이는 둥글게 깎아 가늘게 채 썰고, 당근도 곱게 채 썬다. 달걀은 흰자와 노른자를 분리해 황백지단을 부쳐 채 썰고, 미나리는 데쳐 초록 줄기 부분만 사용한다. 불린 표고와 석이도 채 썬다. 채 썬 재료들은 기름을 조금 두른 팬에 차례로 각각 살짝 볶아 놓는다.

8. 한 김 식힌 도미찜을 접시에 담고, 준비한 고명을 아가미 부분에서 시작해 꼬리까지 오방색으로 가지런하게 줄 맞춰 놓는다. 잣과 은행도 올린다. 대가리 부분은 실고추로 장식한다.

〈 한맛 더하기 비법 〉
· 도미를 찔 때 젓가락으로 찔러 쑥 들어가면 익은 것이다.
· 찜기에서 바로 꺼내면 도미가 쉽게 부서진다. 뜸을 들이며 어느 정도 식은 뒤 꺼내야 한다.
· 도미찜을 접시에 올릴 때 배가 아래로, 대가리가 왼쪽으로 가도록 두고 묶었던 실을 푼다. 실로 묶지 않고 데친 미나리로 묶어도 괜찮다.
· 찜을 하기 위해서는 색이 선명하고 상처 없는 암컷 도미로 2킬로그램 이상 되는 것을 고르면 좋다.

상사리국

상사리는 참돔 새끼를 통영 사람들이 부르는 별칭이다. 봄철 대표 생선으로 도다리보다 맛있어 상사리국을 먹으면 봄맛을 즐길 수 있다. 연한 쌀뜨물에 무 썰어 넣고 멸장으로 간하고 무가 익으면 상사리 넣고, 상사리가 익으면 마늘, 파, 홍고추 그리고 미나리(또는 쑥갓)를 넣고 살짝 끓인 뒤 불을 끈다. 지방이 적고 살이 단단해 맑게 끓이면 담백한 맛이 좋다.

요즘에는 강한 맛을 선호해 매운탕을 찾는 사람들이 많지만, 예전에는 순하고 맑은 생선국을 주로 먹었다. 일본 도미지리와 비슷하지만 우리 고유의 향토음식이다. 식당 메뉴판에서 찾으면 없고, 봄에 작은 도마로 맑은 생선탕을 끓여 달라고 하면 내주는 곳이 있는데 그것이 상사리국이다.

전어

통영 전어는 비진도 앞바다에서 5월부터 맛이 들기 시작해 살이 오르는 7월에서 9월 초에는 지방의 함량이 많고 뼈도 부드럽다. 전어는 내장을 제거하지 않고 구워 먹으면 내장의 맛이 살에 배어 담백하고 구수한 맛이 난다. 회를 쳐서 뼈까지 먹으면 칼슘과 인을 다량 섭취할 수 있는 장점이 있다.

전어회무침

전어는 비늘을 긁고 지느러미를 자르고 내장을 제거하여 깨끗이 씻은 뒤 물기를 없애고 통째로 뼈째 썰거나, 살만 포를 떠 어슷하게 썬다. 전어에 오이, 깻잎, 풋고추, 홍고추, 마늘, 배 등 채소와 초장을 넣고 버무려 통깨를 뿌리고 먹는다.

전어는 취향에 따라 뼈째 세로로 굵게 채썰기도 하고 가로로 어슷썰기도 한다. 전어회는 초고추장에 버무리지 않고 마늘, 참기름, 깨소금 등 여러가지를 섞은 양념물된장에 찍어 먹기도 한다. 어린 전어는 껍질째 썰어야 식감이 좋다.

전어밤젓

전어밤은 소금물에 살짝 씻어 소쿠리에 건져 물기를 뺀 뒤 소금을 섞어 항아리에 담고 밀봉하여 그늘에서 15일 정도 숙성시킨다. 먹을 때 송송 썬 풋고추, 홍고추, 다진 마늘을 넣고 섞어 먹는다. 배추속을 찍어 먹으면 아주 맛이 좋다.

▲ 전어회무침은 먹기 직전에 바로 무쳐야 물이 생기지 않는다.
▼ 전어밤젓은 먹기 전에 잘게 자르면 먹기 편하다.

미나리

통제영의 동암문 안에 연못 겸 미나리밭이 있었고, 지금의 유영초등학교 앞 북문으로 흘러나오는 물로도 미나리를 키워 통제영에서 음식 할 때 사용했다. 통제영 안팎에 심어 이른 겨울부터 늦봄까지 싱싱한 채소를 공급하였고, 충렬사 제례 음식으로도 푸른 미나리를 올렸다. 아직도 통영 사람들은 미나리 사랑이 남다르다.

미나리나물

미나리를 끓는 물에 데쳐 갖은 양념으로 무친 나물이다. 미나리 잎을 떼고 다듬은 다음 끓는 물에 소금을 약간 넣어 살짝 데쳐서 바로 찬물에 헹구어 물기를 꼭 짠다. 데친 미나리를 썰어 소금, 다진 파, 다진 마늘, 참기름, 양념으로 무치고 깨소금을 뿌린다.

미나리전

미나리는 깨끗이 씻어 억센 줄기는 제거하고 손가락 길이로 자른다. 밀가루, 쌀가루와 소금으로 간을 하여 달걀 푼 물과 섞어 반죽한다. 반죽물에 썰어 놓은 미나리를 살짝 섞어 달군 팬에 식용유를 두르고 반죽을 올려 노릇노릇 익힌다. 익어 갈 때 어슷하게 썬 고추를 올려 지진다.

벼락김치

고구마순이 날 때쯤 열무순이 나는데 통영 사람들은 솎아서 벼락김치를 해 먹는다. 소금에 절이지 않고 열무를 끓는 소금물에 살짝 데쳐서 김치 양념을 넣어서 바로 먹는 방법으로, 풋내 없는 맛을 즐긴다. 조금씩 해서 바로 먹는 김치로 오래 두고 먹으면 맛이 떨어진다.

▲ 미나리나물은 총총 잘게 써는 게 먹기 편하다.
▼ 벼락김치는 가벼운 양념으로 무치는 나물 같은 김치다.

청각

견내량에 미역이 끝날 무렵 청각이 올라온다. 통영에는 양식 청각이 없고 모두 자연산으로 청각무침, 청각냉국 등 다양한 요리로 먹는다. 청각무침은 홍합을 다져서 볶은 데 데친 청각을 버무린 것이다. 청각은 물을 넣지 않고 데쳐야 한다. 데친 것에 다시 열을 가하면 질겨진다. 채취한 청각의 일부는 건조해 다른 지역으로 파는데 김장철에 많이 쓰며 익숙해진 해초다. 바다에서 갓 따온 것을 제철인 여름에만 먹는다. 미역이 그러하듯이 견내량 청각이 다르고, 풍화리 청각이 다르고, 지역마다 맛이 다르다. 견내량은 조류가 빠르게 흘러 크기가 크고, 풍화 쪽은 살이 두껍다. 청각 끝이 노래지면 아무리 잘 삶아도 질기다.

농어

통영에서는 이런 이야기가 전해 온다. 죽어서 저승에 간 양반 보고 염라대왕이 "5월 농어를 먹어 보았나?" 물어보았는데 안 먹고 왔다고 대답하면 염라대왕은 "통영에 살았으면서 농어회를 안 먹어 봤다고? 다시 이승으로 내려가서 농어회를 먹고 오거라" 하며 돌려보냈다는 것이다.

전라도에서는 민어를 높이 친다면 통영에서는 농어다. 욕지도와 연화도를 비롯한 통영 바다에서 많이 잡힌다. 크기가 클수록 맛이 좋은데 신선한 활 농어는 살점을 이리저리 보면 오로라 같은 빛을 품고 있다. 농어를 통영에서는 '농에'라고 하고 작은 것은 '까지매기', 전라도에서는 '깔다구', '껄덕이'라 부른다. 농어는 음력 5월부터 한여름에 맛이 가장 좋다. 음력 5월에 농어를 고아먹으면 약이 된다는 옛말이 있다.

여름은
통영의 시장에서
먼저
시작된다

6월, 통영의 시장은 다른 도시보다 먼저 여름을 시작한다. 몇 걸음만 옮겨 보면 그곳은 이미 여름으로 가득하다. 5월의 시장을 채웠던 마늘 종류의 음식들이 서서히 사라지면 고구마순이 그 자리를 차지한다.

육지에 고구마순과 하지 감자가 올라올 때 바다에는 서실, 석모, 꼬시래기, 우뭇가사리 등의 여름 해초가 자라며 바다를 수놓기 시작한다. 서실은 가는 실 같은 해초, 석모는 이름처럼 바위에 붙어서 자라는 해초인데 나란히 두고 보면 차이가 분명하나 얼핏 보면 비슷해서 나도 아직 헷갈리곤 한다. 6월이면 우뭇가사리를 푹 데쳐서 우묵을 만들어 콩물에 넣어 즐기는데, 여름에 통영에서 가장 즐겨 먹는 음료다.

그러나 여름이 시작되면 가장 먼저 떠오르는 음식은 바로 장어다. 6월이 시작되면 무엇보다 장어국이 그리워진다.

통영 여름 식탁을
책임지는
보양식

장어

장어는 1년 내내 잡히는 어종이다. 시장에 가면 늘 만날 수 있지만 6월이 되면 장어를 보는 마음이 달라지고, 장어국 향이 어디선가 풍겨오는 기분이 들어 어서 먹어야만 할 것 같다. 갯장어가 기다려지는 계절이다. 집집마다 심은 수국이 필 때면 통영에서는 장어를 먹는다.

사실 갯장어는 아주 옛날부터 먹던 음식은 아니다. 일본인들이 선호하는 어종이라 일제강점기부터 통영에서도 소비하기 시작했고, 한동안 전량 수출했다. 장어를 숨겨 둘까 봐 장어 조업을 한 배 선창까지 뜯어 싹 다 확인하고 갈 때가 있었다. 통영에서 워낙 많이 잡혔으나 음식 문화로 정착한 것은 그 이후다.

장어는 갯장어, 붕장어, 민물장어 등으로 나뉘는데 통영의 장어는 붕장어, 갯장어, 곰장어, 돌장어 이런 식으로 구분한다. 붕장어는 1년 내내 회로 먹는 아나고, 갯장어는 하모라고 부르는 장어, 곰장어(꼼장어, 먹장어)는 엄밀히 분류하면 여타 장어들과 다르게 분류되는 어종이지만 길고 비슷한 모양 때문에 장어라고 부르고, 돌장어는 가까운 바다 돌 밑에서 나는 기름이 많은 장어로 통영 사람들이 좋아하는 장어다.

예전에는 인평동에 장어배가 가득했다. 또 장어를 보관하는 통발이 가득했고 이를 만드는 분이 계셨다. 대나무로 만든 통발에는 당분이 있어 장어를 오래 보관할 수 있다. 이제는 장어를 잡을 때 사람이 만든 통발 대신 공장에서 만든 플라스틱 통발을 사용한다.

붕장어는 통영에서는 1년 내내 구워도 먹고, 장어국이나 장어탕으로도 끓여 먹는다. 보통 국과 탕은 같은 것을 뜻하며 국의 높임말로 탕을 쓰는데, 통영에서 장어국과 장어탕은 서로 다른 음식이다. 붕장어를 토막내 채소와 함께 짧은 시간에 빨갛게 통영 전통 방식으로 끓이는 것을 장어국이라 하고, 뼈를 바르거나 갈아서 추어탕처럼 오랜 시간 푹 끓이는 것은 장어탕이라 부른다. 음악가 윤이상 선생도 다른 지역에 살 때 장어탕을 그리워했다고 한다. 통영에서 먹던 장어 모습을 묘사하며 아내에게 시장에서 사다 끓여 달라고 했다는 이야기를 전해 들었다.

통영의 시락국 맛도 붕장어에서 나온다. 장어를 통째로 넣어 육수를 내기도 하고, 장어를 손질하고 남은 붕장어 머리와 뼈를 이용해 진한 육수를 만들어 맛이 깊다. 붕장어 부산물인 내장은 부패하기 쉬워 산지에서만 먹을 수 있는 음식으로, 산 채로 배를 갈라 나온 장어 내장으로 수육을 해 먹는다.

통영에서 갯장어 회를 다루는 오래된 집 중 새풍화식당이 있다. 식당 사장님 말에 따르면 갯장어 회는 통영 사람이 즐겨 먹던 회가 아니었다. 일본에서 워낙 좋아하고 수출도 많이 하다 보니 한 집 두 집 갯장어 회를 하는 집들이 생겨났다. 아직 갯장어는 양식이 되지 않는다. 상당수는 낚시로 잡는데 전갱이 등을 미끼로 이용한다. 일정한 간격을 두고 400~500미터 정도 줄지어 낚싯대를 놓으면 갯벌 속에 있던 장어가 나와 미끼를 물고, 낚시를 건져 올려 잡는다. 갯장어는 입이 크고 이빨이 날카로워 낚싯바늘을 빼지 않고 낚싯줄을 잘라버린다. 손질할 때 갯장어의 머리를 누르면 힘이 좋고 미끈거려 놓치기 십상이다. 그러면 대가리를 돌려서 손을 물기도 하는데 한 번 물리면 상처가 오래가고 멍도 사나흘 간다.

돌장어는 다른 지역에서도 먹지만, 5~6월에는 크기가 작아서 배를 가르고 뼈를 발라내는 보통의 장어 요리와 달리 뼈까지 통통 쳐서 먹는다. 기름지고 고소해 색다른 맛이다. 가끔 쓸개가 씹히는데 쓸쓸한 맛을 약이라고 생각하고 먹는다.

곰장어는 부산도 유명하지만 통영에서도 오래전부터 많이 먹었다. 껍질로 가죽을 생산하는 수공예집들도 어마어마하게 많았다. 통영에서 곰장어 가죽을 한창 만들던 때 구입한 지갑을 아직도 가지고 있을 정도로 튼튼하다. 근해에서 잡는 작은 곰장어는 바로 데쳐서 묵은지에 싸서 곰장어 수육으로 즐긴다. 이빨이 든 주둥이는 잘라 내고 구워 참기름장을 찍어 먹기도 한다. 막걸리 한잔과 곁들이면 먹어도 먹어도 질리지 않는 맛이다.

든든한 한 그릇
장어탕과
장어국

여름은 장어가 산란하기 위해 몸에 영양분을 축적해 맛이 오를 때고 갯장어 같은 경우는 뼈도 약해져 더위가 찾아올 때 남쪽 바닷가에서 단연 많이 먹는 어종이었다. 또 다른 지역에서는 추어탕에 제피나 산초를 넣지만 통영에서는 장어탕에 방아 잎을 넣는다. 기름진 장어에 향긋한 방아 잎이 더해지면 비린내도 잡아 주고 한맛이 더해져 궁합이 잘 맞아 예전부터 함께 끓여 먹었다. 집집마다 마당 한편에 심어둔 방아가 자라나 맛있어지는 계절이 바로 이 시기다.

장어국 끓이기

2~3인분 기준

재료: 붕장어 600g, 쌀뜨물 1.6L, 고사리 100g, 콩나물 100g, 대파 60g, 다진 마늘 20g, 된장 30g, 멸장 40g, 고춧가루 30g, 홍고추 1개, 청고추 1개, 참기름 3g, 방아 잎

1. 작은 장어를 깨끗이 손질하여 손가락 두세 마디 정도 길이로 잘게 토막 낸다.

2. 넉넉한 냄비에 참기름을 두르고 다진 마늘, 토막 친 장어를 넣어 센 불에서 볶는다.

3. 장어 살이 하얗게 되면 고춧가루를 넣어 전체적으로 붉은 빛이 돌 때까지 조금 더 볶는다.

4. 쌀뜨물에 된장을 풀어서 장어 볶은 냄비에 부어 한소끔 끓인다.

5. 데친 고사리를 먹기 좋은 크기로 잘라 넣고 머리와 꼬리를 손질한 콩나물과 푹 끓인다.

6. 콩나물이 익으면 멸장으로 간하고 대파, 홍고추, 청고추를 넣고 한소끔 더 끓여 낸다.

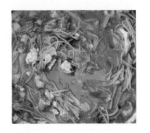

〈 한맛 더하기 비법 〉
• 취향에 따라 맨 마지막에 방아 잎도 한 줌 넣고 끓여도 좋다.
• 집에 따라 두부나 무를 넣기도 한다.

장어탕 끓이기

2~3인분 기준

재료: 붕장어 600g, 물 3L, 숙주 100g, 배추 100g, 고사리 100g, 된장 30g, 생강 3g, 다진 마늘 20g, 대파 60g, 멸장 40g, 고춧가루 10g, 홍고추 1개, 청고추 1개, 방아 잎, 제피

1. 장어탕은 큰 장어를 사용해도 좋다. 붕장어를 통째로 손질하여 준비한다.

2. 냄비에 물을 넉넉히 받아 손질한 장어에 된장, 생강을 넣고 센 불에서 뚜껑 열고 10분 정도 끓이다가 약하게 불을 줄여 40~50분 푹 삶는다.

3. 푹 끓인 장어는 소쿠리에 건져 주걱으로 으깨며 살과 뼈를 분리해 살만 쓴다. 처음부터 뼈를 바르고 살만 사용하면 거르지 않아도 된다. 국물은 따로 받아 두고, 생강은 나중에 골라낸다.

4. 숙주, 배추, 고사리 등 나물은 미리 데쳐서 한입 크기로 썰어 고춧가루, 다진 마늘, 멸장을 넣어 맛이 배도록 조물조물 무친다.

5. 양념한 채소들을 끓고 있는 장어 국물에 넣어 끓을 때 떠오르는 거품은 걷어내며 한소끔 더 끓인다.

6. 마지막으로 홍고추, 청고추, 대파를 넣고 한 번 끓으면 불을 끈다. 기호에 맞게 다진 방아 잎, 제피가루(또는 산초)를 넣어서 먹는다.

고구마줄기김치

통영에서는 5월에 고구마를 심는다. 지역마다 이름이 제각각인 작물 중 하나가 고구마인데, 통영에서는 '감저'라고 불렀다. 1932년 〈부산일보〉를 보면 사량도에 모든 밭작물을 치우고 감저를 많이 심으라는 기사가 있는데 이 감저가 고구마였다. 욕지도 고구마가 오래전부터 유명했지만, 사량도 고구마 역시 역사가 길다.

고구마는 씨나 뿌리를 심는 다른 작물과 달리 순을 심는다. 고구마 새순 줄기는 아주 부드러워서 생으로 먹어도 달달한 맛이 있다. 심은 순이 뿌리를 내려 자리를 잡고 새순이 올라올 때쯤은 장마철 비로 채소가 녹아 없을 때라 고구

마순을 잘라서 데쳐서 나물을 해 먹었다. 고구마 줄기는 갈치, 전갱이, 고등어 등을 넣고 조림을 해 먹고 김치를 담가 먹었다.

고구마줄기김치는 껍질을 벗기고 적당하게 잘라서 소금에 절여서 줄기를 휘어도 부러지지 않을 정도가 되면 물에 헹군 뒤 건져내고 바로 양념에 버무려 담근다. 양념은 여느 김치와 다르지 않아 멸장, 고추, 마늘, 생강을 넣는데, 열무처럼 버무릴 때 너무 치대면 풋내가 나서 가볍게 살살 섞어 준다. 달달하게 바로 먹을 수 있고, 익으면 새콤한 맛이 나서 통영에서 여름 별미 김치로 즐겨 먹는다. 익은 김치는 국수도 말아 먹고, 밥도 비벼 먹고 여기저기 곁들여 먹기 좋다. 고구마줄기김치를 빼고는 통영 여름 김치를 안다고 할 수 없다.

예로부터 섬 지역에서는 고구마 줄기를 말려서 저장했다가 소 여물로 사용하고 외양간 볏짚 대신 깔아 주었을 정도로 다양하게 활용했다.

고구마새순나물

고구마 새순은 끓는 물에 살짝 데쳐 찬물에 헹구어 담가 두었다가 물기를 제거하고 멸장, 참기름, 마늘, 깨를 넣고 무친다.

▲ 자색 고구마줄기나 푸른 고구마 줄기는 맛이 크게 다르지 않다.
▼ 고구마줄기김치는 껍질을 잘 벗길수록 부드럽다.

쪽파멸치무침

쪽파를 깨끗이 손질하여 물기를 빼서 3센티미터 크기로 썰어, 잔멸치나 내장을 제거한 마른멸치와 썰어 놓은 파와 골고루 섞어서 멸장과 설탕, 다진 마늘, 깨소금, 참기름을 넣어 파가 물러지지 않게 부드럽게 섞듯이 무쳐서 낸다.

유월동부(돈부)

박경리 소설 〈김약국의 딸들〉을 보면 용숙과 용란이 중구 영감집에 가는 장면에 동부가 나온다. 담에는 보랏빛 줄콩꽃이 피어 있었다. '설 명절에 설기고물하고', '여름에 입맛 없을 때 죽도 쑤어 먹고', '녹두개피보다 빛이 은은하고 상큼하고 맛있다', '솔잎과 날콩은 약으로 쓰고' 등 동부에 대한 묘사가 여러 차례 등장한다. 통영에서는 냄새가 좋은 제비동부, 울타리를 타는 울동부 등을 모두 동부라 부른다. 감자를 심고 열흘쯤 지나 콩을 심어 장마 오기 전에 딴다. 그때가 유월이라서 유월동부라고 한다. 흰색, 검정, 붉은색 등 다양하다.

▲ 아주 작은 쪽파로 만들고 소금에 절이면 안 된다.
▼ 동부는 제철 이외 계절에는 말린 것을 먹는다.

통영 매실주

바다에서 멍게가 빨갛게 익어 갈 때면 땅에는 매화가 하얗게 핀다. 한산도의 부속 섬 좌도는 매실섬이라고 불릴 정도로 매실나무가 많다. 통영에서는 매실청도 담그지만, 100년 가까이 통영만의 방법으로 이어진 매실주가 인상 깊

다. 통영의 매실주는 청매와 황매를 섞어서 30도가 넘는 소주에 담갔다가 매실의 맛과 향이 추출된 뒤인, 3개월 후에 매실을 건져 내고 한참 숙성시켜서 먹는다. 설탕은 넣지 않고, 오랜 시간 숙성하여 깔끔하고 향기로운 맛이다. 긴 세월 통영만의 방법으로 만들어 온 것이라 전통주로 봐 주어야 하지 않나 생각한다.

▲ 매화꽃 필 때 좌도를 찾으면 바다와 매화가 어우러진 장관을 볼 수 있다.

방아

방아 잎은 통영 여름 음식에 두루두루 사용하는 통영 사람들이 사랑하는 전통 허브다. 집집마다 텃밭에 많이 심어서 잎이 나면 따서 여러 음식에 이용하는데, 생명력이 좋아 계속 따 먹을 수 있다.

시장에 방아 잎이 보이기 시작하면 장어탕이 먹고 싶구나, 방아를 넣은 지짐이 먹고 싶구나, 생선조림이 먹고 싶구나 하는 생각이 떠오른다. 생선조림에 넣으면 비린내도 잡아 주고, 깻잎처럼 잎을 씹는 느낌도 좋다. 말렸다가 다른 계절에 사용하기도 한다.

통영 지방초

토종 조선고추, 지방초와 통영고추 등으로 부른다. 씹는 식감이 부드럽고 약간 매콤한 맛으로 씨앗이 많고 껍질이 얇고 아삭한 게 특징이다. 고추를 젓갈에 묻어 장아찌를 만들어도 고추가 무르지 않는다. 씨앗을 받아서 육묘장에 의뢰하면 육묘하여 모종을 판다. 대규모로 키우는 데는 없다. 통영과 거제, 고성 일부 지역에서만 재배하는데 수익성이 없어 그렇다. 유독 통영에서 즐겨 먹는다. 직접 종자를 받아서 파종했다가 솎아서 재배하는 분도 있다. "농부는 굶어 죽어도 종자는 베고 죽는다"는 이야기처럼 평림동 사시는 여든다섯 김순아 할머니는 여전히 토종 종자를 지키고 계신다. 아흔 넘은 어르신도 이전부터 씨앗을 심으셨다고 하시니 역사가 긴 고추임을 알 수 있다.

세 상 의
색 이 바 뀌 는
여 름
한 가 운 데

빨갛게 익은 토마토가 시장에 나오고 고추도 붉게 익어 가기 시작한다. 여름 과일과 채소들이 시장을 채운다. 한창 더운 계절, 시장을 한 바퀴 돌며 갈증이 나면 시원한 우무콩국 생각이 난다. 진하게 간 콩물에 우뭇가사리로 만든 우무를 넣어 음료처럼, 간식처럼 먹는 통영 여름 별미다.

바다에는 운해가 내려앉아 풍요로운 느낌을 더한다. 태풍도 올라오기 시작하고 바다 물빛이 바뀐다. 구름 사이로 여름 한 조각 떨어져 바다에 내려앉는다. 하늘도 바다도 색이 바뀌며 여름 한가운데 있음을 느낄 수 있다.

밥상 위로
파도치는
은빛 물결

갈치

별거 아닌 풍경이나 소리 같은 소소한 것이 잊고 있던 계절 음식을, 오래된 기억을 끌어올릴 때가 있다. 나는 호박이 익어 가는 것을 보면 갈치국이 떠오르고, 매미가 울기 시작하면 시장 갈치젓 익어 가는 냄새가 코끝에 느껴지는 기분이다. 그리고 갈치구이를 보면 어머니가 떠오르곤 한다. 어릴 때 갈치 한 토막 구워 저녁상에 둘러앉으면, 어머니는 살을 발라 식구들 주느라 바쁘셨다.

7월에는 통영의 가까운 바다에서 제한된 규정 안에서 낚시로 잡은 갈치만 시장에 풀린다. 그 수가 적지 않다.

일부 자료를 보면 통영에선 갈치를 '빈쟁이'라고 부른다는 기록이 있는데 잘못된 것이다. 1939년 동아일보 조선중요수산물 기사를 보면 정어리가 변정어(빈쟁이)라 나와 있다. 그것이 와전되어 갈치를 빈쟁이라 하는 것으로 보인다.

통영에서는 신선한 갈치를 구이나 조림 외에도 국, 젓갈 등 다양한 방법으로 먹는다. 예전에는 회로는 선호하지 않았는데 최근에는 많이들 먹는다. 갈치 회는 비늘과 기름기를 씻어 낸 후 막걸리로 헹궈 마른 면포로 물기를 제거하여 만든다. 갈치 비늘은 호박잎을 이용하면 깨끗이 벗겨진다. 갈치젓갈도 어렵지 않다. 갈치젓갈을 만들 때는 갈치 입과 꼬리, 지느러미를 제거하는데 칼 보다는 가위로 하는 게 손쉽다. 손질 뒤 바닷물 염도의 소금물에 살짝 씻어 갈치 무게의 20퍼센트 정도의 소금을 넣고 버무린 뒤 제피 잎을 덮어 둔다. 15~20일 정도 있다가 익으면 잘게 잘라 양념해 먹으면 된다. 갈치 내장으로

도 젓갈을 담그는데, 갈치내장젓 또는 갈치속젓이라 부른다. 갈치 내장과 내장 무게의 25퍼센트 정도의 소금을 넣어 잘 섞어서 항아리에 담아 밀봉, 한 달 정도 삭혀서 먹는다. 갈치속젓은 통영에서 볼락김치 담글 때 넣는다.

통영 사람들은 생선을 말려 건어로 즐기는데 갈치 역시 그렇다. 갈치를 말려서 지느러미, 꼬리 등을 다듬고 먹기 좋은 크기로 자른 뒤 살짝 씻어 물기를 뺀다. 냄비에 기름을 두르고 비린내가 날아가도록 갈치를 볶은 다음 조림장을 넣고 조리다가 거의 익으면 물엿, 마늘 편, 매운 고추를 넣어 살짝 더 조려 밥반찬으로 먹는다.

▲ 젓갈용 갈치는 크기가 크거나 작거나 상관없고 꼭 상품으로 하지 않아도 된다.
▼ 마른 갈치는 생갈치와 식감이 달라 색다른 맛을 즐길 수 있다.

달콤하고 개운한, 갈치호박국

바닷가 도시에서는 제철 생선으로 그때그때 어울리는 채소를 넣고 국을 끓여 먹었다. 갈치호박국이라고 하면 많은 사람들이 제주를 떠올리지만, 통영 등 갈치가 잡히는 바닷가 도시에서는 흔히 먹던 음식이다. 호박이 익어갈 때 갈치도 맛이 들어 이 둘을 함께 넣고 끓이면 잘 어울린다.

3인분 기준

재료: 갈치 700g, 파 30g, 호박 300g, 물 1.6L(8컵), 다진 마늘 20g, 멸장 84g, 고춧가루 5g, 홍고추 1개, 풋고추 2개

1. 싱싱한 생물 갈치는 지느러미와 내장, 대가리와 꼬리, 비늘을 제거하고 먹기 좋은 정도의 길이로 토막을 내서 씻어 둔다.

2. 호박은 도톰하게 썰고, 풋고추와 홍고추는 어슷하게 썰고, 파는 손가락 한두 마디 정도 길이로 듬성듬성 썬다.

3. 분량의 물을 냄비에 넣어 센불에 올려 끓기 시작하면 손질한 갈치와 호박을 넣는다.

4. 갈치와 호박이 익으면 고춧가루, 다진 마늘, 홍고추와 풋고추, 대파를 넣고 멸장으로 간을 맞춘다. 한소끔 끓이고 바로 불을 끈다.

〈 한맛 더하기 비법 〉

· 갈치국은 너무 오래 끓이거나 자꾸 저으면 풀어져서 맛이 없으니 빠르게 끓여 낸다.

· 처음부터 갈치를 넣고 끓이기보다는 물을 끓인 뒤 갈치를 넣어야 살이 풀어지지 않는다.

우뭇가사리

우뭇가사리는 우모초라고도 부르는데 소털처럼 생겼다. 양식이 안 되고 물이 빠지면 떠밀려 왔던 것을 줍거나 갯바위에 붙어 있는 것을 긁어서 뜯어 말린다. 가격을 많이 쳐주지는 않는다.

우리나라 수협의 모태는 1908년도에 생긴 거제 한산 모곽전 조합인데, 모곽전은 우뭇가사리와 미역을 채취하는 곳이었다. 100년의 역사를 가지고 있는 수산업 조합의 기초를 만드는 데 우뭇가사리가 한 역할을 했다고 볼 수 있다.

통영에서는 우뭇가사리로 우무를 만들어 여름에 즐겨 먹는다. 그중에서도 제일 잘 어울리는 것은 콩국이다. 말린 우뭇가사리는 깨끗한 것으로 고른다. 까만색이 도는 것보다는 하얀색 우뭇가사리로 만들었을 때 색이 맑다. 물에 담가 불려 부드러워지면 맑은 물이 나올 때까지 깨끗하게 씻어 찬물에 넣어 삶는다. 손으로 만져 뭉그러질 때까지 삶는데 주걱에서 똑똑똑 떨어질 정도의 농도가 되어야 한다. 식초 한 방울, 설탕 한 숟가락 넣어서 삶으면 빨리 삶아진다. 진하게 한 번 끓여도 되고, 재탕이나 삼탕까지 끓여서 한데 모아 다시 끓여도 된다. 끓인 우무를 넓은 그릇에 넣어 식히면서 굳힌다.

우무도 만드는 사람에 따라 맛이 다른데, 통영 선촌마을에서 60년 동안 우무를 만들어 온 김상희 할머니 우무는 전설 중의 전설이다. 탄성이 가장 좋고 깔끔하고 담백한 맛이 그동안 먹었던 어떤 우무와도 비교할 수 없었다.

일본 시즈오카현 이즈반도에 가면 우뭇가사리로 우무 만드는 공장과 우무로 다양한 먹거리를 만들어 파는 가게가 있다. 국수, 팥빙수, 아이스크림 등도 우

무로 만들고, 우무 요리에 첨가할 소스도 다양하게 판다. 우리도 지역에서만 우무를 즐길 것이 아니라 사랑 받는 관광 상품으로 개발하면 좋겠다.

우무콩국

생각보다 손이 많이 가는 음식이다. 콩국을 만드는 콩은 백태를 쓴다. 깨끗이 씻어 물에 12시간 정도 불려 껍질을 제거한다. 콩국을 만들 때 가장 중요한 것은 콩 삶기다. 불린 콩에 두 배의 찬물을 붓고 삶는다. 완전 익기 직전에 불을 끄고 잔열에 마저 익힌다. 너무 푹 익히면 메주 냄새가 나고 너무 덜 익히면 비린내가 난다. 믹서에 곱게 갈아서 베 보자기에 거른다. 콩 국물은 소금으로 간한다. 콩 껍질을 벗겨 내고 삶은 것과 콩 껍질을 같이 삶아 간 것, 삶아서 콩 껍질을 제거한 것을 비교하면 콩

껍질을 벗겨 내고 삶은 것이 제일 고소하다. 우무는 틀에 내리거나 곱게 채 썰어 차게 식힌 콩국에 넣어 후루룩 마신다. 입맛 없는 여름을 시원하게 나도록 해 주는 건강식이다.

우무냉국

냉국용으로 우무를 썰 때는 체에 내리는 것보다는 조금 굵게 나무젓가락처럼 썬다. 미역을 물에 불려서 데친 뒤 총총 썰어서 각종 채소 넣고 멸장, 설탕, 마늘, 식초, 멸치나 다시마 우린 물을 넣고 섞는다. 새콤달콤 시원한 맛이다.

▲ 우무콩국용 우무는 채를 뒤집어서 눌러 내리면 손쉽다.
▼ 우무냉국은 멸치나 다시마 우린 물이 없으면 맹물을 써도 된다.

박나물

박은 써는 것이 아니라 쳐 내는 것이다. 여물지 않은 어린 박을 반으로 자르고 속을 파낸 뒤 껍질을 벗긴다. 다시 4등분하여 얄팍하게 칼로 쳐 낸다. 박 하나를 쳐 내면 양이 너무 많아 시장에서 할머니가 쳐 둔 것을 사서 요리한다. 박은 물에 헹궈 물기를 뺀 다음 달군 팬에 참기름을 두르고 홍합살을 볶다가 박을 넣고 한소끔 끓으면 소금으로 간을 맞추고 다진 마늘, 깨소금, 참기름을 넣어 고루 섞는다. 마지막에 실파를 썰어 뿌린다.

서실

홍조식물 중 최고의 맛, 해조류 중 가장 맛이 좋은 바다의 보물이다. 서실은 이른 봄부터 시작해서 늦가을까지 나지만 7월에서 9월 물때에 맞추어 채취하는데 편백나무 잎 같은 모양이다. 불순물 떼고 깨끗이 손질하여 끓는 물에 식소다 조금 넣고 데친다. 색깔이 파랗게 변하면 뚜껑을 덮고 살짝 무르게 익혀 찬물에 두 번 헹구고 다시 손질하면서 불순물이나 부유물을 제거한다. 통영 서실무침은 식초를 넣어 오래 두면 색감이 변하기 때문에 먹을 때 바로바로 요리한다. 멸장, 참기름, 깨소금을 넣어 무치고, 먹기 직전 식초를 살짝 친다.

맛 있 는
섬 에
가 고 싶 다

8월이면 통영에는 큰 축제도 있고 휴가를 보내러 온 사람들도 많다. 이럴 때 진짜 통영을 즐기려면 섬으로 가야 한다. 통영에는 섬이 많다. 욕지도, 연화도, 사량도, 비진도, 매물도 등 크고 유명한 섬들도 있지만 8월에는 그곳에도 사람이 많다. 오곡도, 곤리도, 오비도, 좌도, 비산도, 죽도 같은 멀지 않고 많이 알려지지 않은 작은 섬은 비교적 한산하고 인심이 좋다. 물에도 들어가고 풍부한 섬 음식도 맛볼 수 있다. 섬 음식은 좀 거칠어도 원초적인 맛이 살아 있다.

섬에 가면 무엇보다 섬사람들이 다니는 바닷가와 숲속, 마을길을 걸어 보라고 권하고 싶다. 머리를 비우고 걷다 보면 더위도 잊게 된다. 바다도 깊어지고 맑아져 속이 들여다보이는 때, 8월 말 즈음이면 저녁 하늘이 예뻐지기 시작한다. 가을이 오고 있다는 것이다.

푸른 바다와
흰 물결을 품은
생선

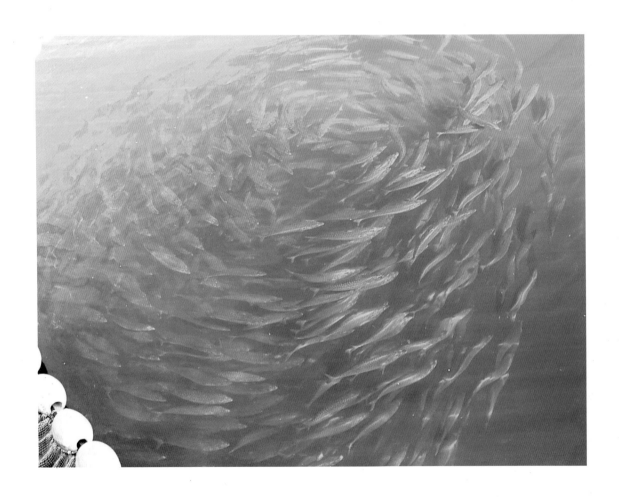

고등어

욕지도에 가 배에서 내리면 수조에 활고등어가 헤엄치는 모습, 선창가에서 바로 썰어 파는 고등어 활어회를 만날 수 있다. 욕지에는 한때 고등어 파시가 따로 있었을 정도로 어획량이 많았다. 40센티미터 이하는 고등어로 치지도 않을 정도였다. 그러나 그 많던 고등어가 한동안 자취를 감췄다.

욕지도 고등어가 다시 부활한 것은 양식 덕분이다. 치어가 양식장에 들어와 자라는 것을 보고 본격적으로 양식을 하게 되었다. 일제강점기 때도 고등어와 전갱이 양식을 시도했었다고 욕지도 사람들은 이야기한다. 고등어 양식은 치어를 그물로 직접 잡거나 정치망에서 잡힌 치어를 사 한 가두리에 2만 마리 정도씩 입식하여 3~4개월, 여름에서 초겨울까지 키워서 출하하는 방식이다.

다 자란 고등어는 활어로 팔려 나가는데 전국에 유통되는 활고등어의 대다수를 욕지도가 책임지고 있다. 욕지도 동제자율어업공동체 이철수 위원장 이야기를 들어 보면 5톤 트럭에 500마리씩 담아서 수송하는데 가면서 그중 절반이 서울로 간다고 한다. 보통 활어는 수송차에 실을 때 무게로 계산을 하는데 욕지 고등어는 마릿수를 세어서 계산한다.

욕지도에 갔다가 고등어가 넘쳐나던 시절을 기억하는 제명수 할머니를 만났다. 할머니 댁 앞에는 유일한 간독이 남아 있다. 간독은 어마어마하게 잡아 온 고등어를 소금으로 '간'을 하고 차곡차곡 담아 저장하던 '독'으로, 땅을 파서 만든 커다란 저장 창고라고 보면 된다. 냉장고가 없던 시절, 기름기가 많아 건어로 만들기도 적합하지 않던 고등어를 저장하던 방법이다.

할머니와 가족들이 원래 살던 곳은 거제였는데 아버지가 욕지도에 어로장으로 오면서 가족 모두 옮겨 왔다고 한다. 욕지도 원량초등학교 22회 졸업생, 지금 할머니 연세가 여든아홉이니 많은 시간이 지났음에도 할머니는 생생하게 이야기를 들려주셨다.

"어마어마하게 고등어배가 들어왔지. 고등어배가 들어오면 그날 바로바로 간을 했어. 바다에서 배를 갈라 손질하고 씻어서 간독 옆에 깔아 둔 가마니에 가져다 놓고 간독에 사다리 타고 내려가 소금 간을 하는 거야. 고등어 배 가르고 안쪽에 칼집을 넣어 소금을 많이, 한 주먹 착 넣지. 그리고 한 손(10마리)씩 나무판을 놓고 머리 쪽 각이 맞게 차곡차곡 쌓는 거야."

그렇게 4만 마리 정도를 쌓아 가득 차면 가마니 얹고 나무 뚜껑 덮고 그 위를 또 맷돌 같은 것으로 눌러 놓았다. 시간이 지나면 간물이 나무 뚜껑 위로 올라오는데 할머니의 아버지께서 그 빛깔과 맛을 보고 고등어의 상태를 확인했다고 한다. 간독에서 나온 간물도 버리지 않고 내장이랑 같이 섞어서 젓갈을 만들었다. 이렇게 만들어진 간고등어는 마산도 가고 부산도 가고 내륙, 안동까지도 갔다고 한다.

일제강점기에 만들어진 간독은 광복 이후에도 한동안 사용하다가 고등어가 잡히지 않자 하나둘 사라졌다. 할머니 댁 간독도 얼마 전까지는 연탄재로 막아 두었다가 욕지도에 양식과 함께 고등어가 살아나자 복원, 옛날 간고등어 작업하던 모습을 모형으로 재현해 두었다.

"좋은 고등어는 고등어 껍질에 얼굴이 비칠 정도로 파랬지. 등을 보면 파란 잉크 같고, 배에는 하얀 파도 같은 무늬가 아주 예뻤어."

간독에 고등어 손질해 간하던 시절 이야기를 들려 주시는 할머니 얼굴에 생기가 넘쳤다. 지금도 그 시절이 가끔 꿈속에 나온다고 하셨다.

고등어와 무의
맛있는 조화,
고등어조림

고등어조림은 익숙한 음식이지만 막상 해 먹으려면 생각처럼 되지 않을 때가 있다. 그러나 몇 가지만 신경 쓰면 쉽고도 맛있게 만들 수 있다.

기름진 생물 고등어와 맛 좋은 무가 준비되면 다른 재료도 특별히 더할 게 없다. 식탁에 함께 올릴 밥 한 그릇만 있으면 된다.

3인분 기준
재료: 고등어 800g, 무 300g, 양파 150g, 대파 60g, 물 500ml, 청고추 3개, 홍고추 1개
양념장: 된장 20g, 진간장 40g, 고춧가루 30g, 다진 마늘 20g, 다진 생강 3g, 설탕 10g, 후춧가루 약간

1. 고등어는 대가리와 꼬리, 내장을 제거하여 깨끗이 핏기를 씻은 뒤 어슷하게 토막으로 썬다.

2. 무는 두껍게 썰고 홍고추와 풋고추, 대파는 어슷하게 썰고, 양파는 두껍게 채 썬다.

3. 양념장 재료를 모두 섞어 양념장을 만든다.

4. 냄비에 물과 무를 넣고 뚜껑 덮어 중불에서 1차로 무를 푹 익힌다. 그 위에 고등어를 얹은 다음 만들어 둔 양념장을 풀어 중불로 끓이다가 어느 정도 물이 줄면 약한 불에서 양념 국물을

끼얹으며 뭉근하게 더 졸인다. 졸이면서 썰어 놓은 양파, 홍고추, 풋고추, 대파를 넣고 양념 국물을 위에 끼얹어 주면서 채소가 살짝 익을 정도로만 더 졸인다.

〈 한맛 더하기 비법 〉
• 고등어는 큰 고등어일수록 맛있다.

• 무가 푹 익어야 좋은데 무 대신 삶은 고구마줄기를 넣어 똑같은 방법으로 끓여도 별미다.

▲ 섬의 고구마밭은 비탈 그대로
자연스러운 모습을 가지고 있다.

욕지 고구마

19세기 통제영에 발령 받았던 남일원은 5년간 통영에 머무르며 본 풍물과 풍속을 108수의 시로 써서 〈통해백팔사〉라는 책에 담았다. 그중 한 편에 고구마가 등장한다.

성 남쪽 성문 옆 작은 가게에서
아침 내내 무엇을 그렇게 파는가,
순무모양에 사탕수수 같은 단맛 나니
그제야 속칭이 고구마인 것을 알겠네.

▲ 섬에 가면 집집마다 한 해 식량
으로 집에서 먹을 고구마를 말려서
저장한다.

시에 나오는 고구마가 욕지 고구마인지는 확인할 수 없다. 그러나 공도정책
으로 강제 이주시켜 한동안 무인도가 되었던 섬 욕지도에 다시 사람이 살기
시작했던 것도 19세기 말이라, 통영 육지에서 고구마를 재배했다면 척박한
섬에 들어갈 때 가지고 가지 않았을까 생각해 본다.

욕지도 고구마는 밤고구마 같은 타박타박한 식감에 단맛이 좋아 부산, 마산,
벌교까지 배를 타고 팔러 다녔을 정도로 유명했다. 또한 생고구마를 잘라서
말리는 빼떼기(절간고구마) 형태로 보관해 두었다가 죽을 끓여 먹거나 팔았
다. 소주를 만들 때 빼떼기를 발효시켜 증류, 주정을 만드는데 1904년에 옛
마산에 주정 공장이 세워져 욕지도 고구마 빼떼기를 많이 납품했다고 한다.
또한 빼떼기는 바로 갈아 전분을 만들 수 있어서 1960년대에는 욕지도에 전

분 공장이 있을 정도였다.

욕지도는 일조량도 풍부하고 바다에서 부는 해풍 때문에 땅에 염분과 미네랄이 풍부하며, 황토가 수분을 조절하여 맛있는 고구마를 기르기 좋은 환경이다. 요즘 욕지도 고구마는 대부분 신율미라는 새로운 품종인데 고구마 중에서도 가장 달고 맛있는 품종이지만 길쭉하게 자라서 상품성이 좀 떨어지는 것이 단점이다. 그런데 욕지도의 자연환경과 만나면서 알도 굵고 타박타박한 식감, 높은 당도를 갖게 되었다. 소문이 나며 요즘에는 전국에서 많이들 찾는다. 양은 적지만 조기 재배로 여름에도 욕지 고구마 맛을 볼 수 있다.

빼떼기죽

고구마의 계절이 되면 섬마다 지붕 위, 마당에 빼떼기 말리는 풍경을 쉽게 만날 수 있다. 빼떼기죽은 먹을 것이 없던 시절 식사 대용으로 많이 먹던 음식이라 만드는 법이 정말 간단하다. 예전에는 빼떼기에 사카린과 소다만 넣어서 죽을 만들어 먹었다. 요즘에는 맛과 영양을 더하기 위해 잡곡을 넣는다. 우선 물에 빼떼기 넣고 걸쭉해질 때까지 중불에서 푹 끓인다. 말린 강낭콩과 팥을 하루 정도 불려서 무르게 삶아 건져, 빼떼기 삶은 데 넣은 뒤 설탕, 소금으로 맛을 낸다. 통영에서도 빼떼기죽 만드는 법은 집집마다 달라서 팥을 넣기도 하고, 견과류를 넣기도 한다. 빼떼기죽은 구수하고 든든해 한 끼 식사로도 손색이 없다. 빼떼기죽 한 숟가락에 푹 익은 고구마줄기김치를 올려 먹으면 조합이 딱 어울린다. 예전에는 빼떼기가 더 빨리 퍼지도록 소다를 넣고 삶았다.

청방배추

광복 이후 우장춘 박사가 동래 원예시험장에서 다른 종간의 교배를 고안해 세계에서 처음으로 결구배추를 육종했는데 그 배추가 청방배추다. 그 전에는 결구배추(속이 차는 배추)가 없었다. 예전에는 김장김치의 대표적인 배추가 청방배추였기에 그 시절 배추에 입맛이 익숙한 분들은 여전히 최고로 생각하며 찾곤 한다. 김장철 되면 통영 도남동 배추밭에서 키운 청방배추를 손수레 가득 사서 싣고 충무교를 건너오던 기억이 있다. 그 청방배추를 추석 전에는 단배추로 수확해 여름김치, 추석김치로 해 먹었다. 쌉싸름하고 고소한 맛이다. 지금 배추보다 섬유질이 질기고 강한 배추인데 지금은 그 시절 청방배추 씨앗은 구할 수 없고 비슷한 신청방, 노란청방 배추로 그때의 맛을 이어 가고 있다.

배추는 누런 겉잎을 떼어 내고 작은 것은 통째로, 큰 것은 이등분하여 소금에 3~4시간 절인 뒤 씻어 건져서 물기를 뺀다. 배추가 잘 절여졌으면 깨끗이 씻어서 뿌리 부분을 손질하여 소쿠리에 엎어서 건져 놓아 물기가 빠지게 한다. 마른 고춧가루는 미지근한 물에 불리고, 마늘, 생강, 멸치젓, 찹쌀풀을 넣어 섞는다. 물기를 뺀 배춧잎 사이사이에 준비한 양념을 발라 고루 묻히고 그릇에 담아 익힌다.

▲ 청방배추는 다른 배추보다 색이 진하다.
▼ 양념을 골고루 치대도 배추가 무르지 않는다.

전갱이(매가리, 아지)

통영에서는 크기가 큰 전갱이를 '아지'라 하고 작은 것은 '매가리'라 부른다. 여름부터 초겨울 고등어 맛이 들 때 전갱이도 맛이 오른다. 고등어 못지않게 착착 감기는 감칠맛이나 영양이 있다. 전갱이를 익혀 요리하면 대가리가 제일 먼저 처져 떨어지기 때문에 '매가리가 없다'는 뜻으로 매가리라 불렀을 것이라 추측한다. 아지는 일본어로 전갱이를 뜻하는 말이다. 일본에서는 전갱이도 양식을 하는데 한국에서는 하지 않는다. 전갱이는 성격이 급해 유통되지 않는다. 욕지도 근처에서 뜰망배로 자연산을 잡아 가두리에 15일 정도 별도의 사료 없이 두었다가 출하한다. 수조에서 이틀밖에 못 산다. 한겨울에는 잘 안 잡히는데 요즘은 물이 따뜻해서 잡힌다. 치어는 전량 일본으로 수출한다. 살아 있는 전갱이를 먹으려면 통영으로 오면 된다.

맵사리고둥

맵다고 맵사리고둥인데, 쌉쌀한 맛이다. 1년 내내 나는데 할머니들이 잡아서 시장에서 판다. 해녀들이 따는 것은 굵고, 바닷가에서 채취한 것은 좀 잘다. 나만의 방법은 씻지 않고 살짝 삶아서 그 물을 버리고 다시 물을 자박하게 받아 바닷물 염도 정도로 소금을 넣고 좀 오래 삶으면 간이 짭짤하니 맛이 있다. 통영 다찌에 가면 안주로 많이 나온다. 보말고둥은 통영에서 납작고둥이라고 하는데 가격은 맵살이고둥보다 낮다. 납작고둥은 시장에서 할머니들이 까서 파는 것을 사다 무쳐서 먹기도 하지만, 통영에서는 군것질거리로 심심풀이로 삶아 두고 까먹는다.

가을빛이
내려앉은
바다와 들

이른 밤 가을 바닷가에 나가면 달빛이 아름답다. 푸른 어둠이 깔리고 달이 뜨기 시작할 때 바다에 금빛 물결이 부서진다. 들에는 누런빛이 보이기 시작하고, 밭에는 배추를 심기 시작한다. 산도 들도 바다도 색이 변해 가을빛이 보이기 시작한다.

시장에는 미미하지만 겨울 음식들이 조금씩 얼굴을 내민다. 첫 굴이 보이고 홍합도 익어 가고, 몰이나 겨울 해초들도 첫물이 조금씩 나온다. 여름 밥상을 책임졌던 박은 들어간다. 추석을 앞두고 명절을 준비하는 손길들도 바쁘다.

9월이면 바다가 가장 풍성해지는 시기를 차분히 기다리게 된다.

부드러운
바다의 향
바다의 맛

통영 굴

욕지도와 연대도에는 신석기시대 조개무지 유적이 있다. 분석을 해 보니 굴이 80퍼센트 정도고 그 다음으로 홍합이 많았다고 한다. 굴은 수천 년 전부터 통영 지역에서 널리 생명력을 펼치고 있었으며 지금까지 이어가고 있음을 알 수 있다. 지금도 통영 사람은 겨울이면 일상으로 굴을 먹는다. 들쩍지근한 맛의 굴은 겨울 식탁의 꽃이다.

통영 바다를 보면 양식장 하얀 부표가 줄을 맞춰 떠 있는 것을 흔히 볼 수 있다. 수하식으로 굴을 키우는 광경이다. 수하식으로 키운 굴은 바닷속 플랑크톤과 미생물을 먹어 성장이 빠르고 육질이 부드럽다. 양식이지만 먹이를 주지 않고 자연 상태에서 키우기 때문에 자연산과 다를 게 없다. 양식 굴은 조개껍데기에 굴 유생을 붙여 살기 좋은 환경에 두는 것 외에 인위적으로 더 하는 게 없다. 어민이 키우기보다는 바다가 스스로 키워 낸다.

수산물 양식 중 가장 오래된 것이 굴인데, 600여 년 전에 쓰인 〈태종실록〉을 보면 섬진강 하구에서 굴을 양식했다는 기록이 있다. 통영 수하식 굴양식은 기술이 우수해서 수하식 양식을 먼저 시작한 일본으로도 굴을 역수출한다. 굴은 따뜻한 바다에서 알을 낳기 때문에 동해와 황해보다 남해 바다가 좋다. 또 굴은 물이 빠져 나가도 물속에 잠겨 있어야 하는데 남해 바다는 물이 빠져 도 충분히 그 속에서 클 수 있는 환경이다. 마지막으로 양식을 하려면 파도가 잔잔해 굴이 떠내려가지 않아야 하는데 통영은 섬이 많아 파도를 막아 준다.

▲ 수하식 양식에서는 굴 껍질에 붙은 굴 유생을 일정 시간 햇빛에 노출시켜 건강한 굴만 남도록 하며 단련시킨다.

통영 바다 동쪽으로는 낙동강, 서쪽으로는 섬진강의 유기 영양분이 바다로 흘러들어 먹이가 풍부하다. 이런 조건들이 맞아 떨어져 통영 굴은 국내 생산의 70퍼센트를 담당하고 있다.

바다가 키운 굴에 사람의 힘이 더해지는 것은 바다에서 건져 낸 이후, 껍질을 까는 순간이다. 굴의 껍데기를 제거하여 알굴을 생산하는 박신장은 통영 용남면에 유독 많다. 굴의 계절이 오면 주민의 20퍼센트가 굴 산업에 종사할 정도다. 많이 까는 분은 하루에 30만 원 정도 수익을 올린다. 수입도 굴의 맛처럼 달달한 때다.

신선한 굴은 생으로 먹으면 바다 향이 피어나 입 안 가득 즐거움이 퍼진다. 고서를 보면 우리 굴 요리는 유자와 궁합이 잘 맞는다며 유자 껍질을 채 썰어 굴과 함께 먹는다 하였다.

이를 재해석하여 통영 유자로 굴 그릇을 만들어 무즙에 깨끗이 씻은 생굴을 담아 두었다. 유자 향이 배면 유자즙을 더한 간장에 살짝 찍어 먹는다. 굴 특유의 비릿한 향 대신 상큼한 유자와 들쩍지근한 굴맛이 어우러져 향긋한 한입이 된다. 어떤 술과도 잘 어울린다.

생굴을 많이 먹기 힘들다면 다양한 굴 요리를 해 먹으면 계절의 맛을 더 즐길 수 있다. 밀가루를 입히고 달걀물 적셔 굴전을 해 먹어도 좋고 굴젓을 만들어 먹어도 좋다.

▲ 굴은 살이 탱탱하고 진한 우윳빛이 나는 것이 좋다.
▼ 생굴을 먹을 때는 무, 유자, 실파를 같이 먹으면 맛이 좋다.

시원하고
깊은 맛,
물굴젓

물굴젓은 무와 배를 긁어 넣고 쌀뜨물까지 더해 국물이 자박하다. 숙성된 굴과 국물을 함께 떠서 먹으면 시원하고 감칠맛이 있다. 굴을 씻을 때 무를 손질하고 남은 껍질을 넣어 버무리면 굴이 깨끗해진다. 세척용 무는 건져 내야 하므로 길게 벗겨 내서 사용한다. 시원하게 국물까지 먹는 물굴젓은 반찬으로도 술안주로도 좋다.

2인분 기준
재료: 굴 1000g, 소금 80g
양념: 무 3kg(2개), 큰 배 1개,
실파 20g, 고운 고춧가루 30g,
쌀뜨물 1.6L, 다진 마늘 20g,
다진 생강 6g, 설탕 약간, 실파,
통깨

1. 굴은 씻어서 물기를 빼고 소금에 버무려 절인다. 실온에서 4~7일 숙성해 준비한다.

2. 무와 배를 깨끗이 씻어 세로로 이등분한 뒤 속을 숟가락으로 박박 긁어낸다.

3. 박박 긁은 무와 배를 고운 고춧가루로 버무려 물들인다.

4. 실파는 깨끗이 씻어 물기를 빼고 송송 다진다.

5. 1차 발효하여 삭힌 굴에 고춧가루로 물들인 무와 배를 섞어 버무린다.

6. 굴, 무, 배 버무려 놓은 데 쌀뜨물을 붓고 양념도 모두 넣어

섞는다. 실파, 홍초, 통깨를 추가하고 간을 맞춘다. 바로 먹어도 좋지만 일주일 정도는 익어 가는 과정에서 계속 다른 맛을 느낄 수 있다.

〈한맛 더하기 비법〉
· 물굴젓은 작은 굴이 좋고, 굴이 크면 자르면 된다.
· 굴은 삭히면 미처 제거 못한 껍질이 떨어진다.
· 쌀뜨물을 넣으면 발효를 돕고 깊은 맛을 내며 군내가 없다.

통영너물비빔밥

안동, 대구, 진주 등의 비빔밥은 제사를 지내고 난 뒤 밥과 나물을 비벼 먹던 것에서 시작된 헛제삿밥 풍습이지만 통영은 이와 달리 생일이나 잔치에도 너물밥을 해 먹었다. 나눔의 음식으로 제철 땅과 바다에서 나는 채소를 풍성하게 무쳐서 먹기 좋게 자르고 담아 탕국과 함께 비벼 후루룩 마시듯이 먹는 실용적이고 영양가 높은 음식이다. 통영은 나물을 너물이라 부른다.

통영너물비빔밥은 사철 싱싱한 채소를 구할 수 있고, 해산물과 해조류를 많이 넣어 깔끔하면서도 청량한 맛이다. 들어가는 나물도 다른 지역처럼 기름

에 볶지 않고 다진 해산물을 볶다가 함께 넣어서 볶거나, 멸장으로 무쳐서 그런지 자연에서 오는 감칠맛이 있다. 통영너물비빔밥은 해초가 맛있는 겨울이 제철이다.

담아내는 나물은 계절마다 집집마다 종류나 가짓수가 다른데, 미역, 톳, 참파래, 청각, 석모, 고사리, 도라지, 시금치, 미나리, 콩나물, 솎음배추, 박, 가지, 방풍, 호박, 무, 오이, 부추, 근대, 쑥갓 등을 넣었다. 특징 중 하나는 나물을 먹기 좋게 총총 잘라서 올리는 것인데, 통영 사람들의 합리적인 성격을 엿볼 수 있다.

통영너물비빔밥에는 꼭 두부탕수국이 함께하는데, 너물밥에 넣어 부드럽고 촉촉하게 비벼 먹는다. 또한 건어찜을 곁들여 먹었다. 통영 음식 문화와 통영 사람의 진취적이고 현실적인 정서가 한 그릇에 오롯이 담겨 있다.

두부탕수국

탕수국은 냄비에 참기름을 두르고 다진 홍합살을 볶아 물이 생기고 비린 맛이 날아가면 쌀뜨물을 부어 끓인 뒤 썰어 놓은 오징어와 새우, 두부를 넣고 멸장으로 간한다. 탕국에 들어가는 두부는 잘라서 물에 헹군 뒤 넣으면 국물이 깨끗하다. 통영너물비빔밥에는 두부탕수국이 반드시 들어가야 한다. 다른 비빔밥은 물기가 전혀 없어 비벼서 먹기가 힘들지만 통영에서는 두부탕수국을 너물비빔밥에 부어서 국물이 자작하게 하여 먹는다.

거랭이탕

한국의 전통사회에서 제사는 중요한 연례행사이며 먹거리문화에 있어서 그 의미가 대단하다. 이로 인해 파생된 음식문화는 안동의 '헛제삿밥'처럼 지역마다 다양한 형태로 남아 있다. 통영지역에서도 제사 후 다양한 음식 문화가 남아 있는데, 그중 대표적인 음식이 '거랭이탕(찌개)'이다.

통영은 바다를 끼고 있어 다양한 해산물이 제사상에 올랐고 제수의 종류나 어종도 여타의 지역과는 달랐다. 또한 제사 후 다양한 음식을 모아 찌개 형태로 끓여 먹는 풍습이 오래전부터 전승되어 왔다. 편하게는 '잡탕'이라 불렀지만, 익살스럽고 우화적인 표현으로 거랭이탕(거랭이는 걸인을 의미하는 통영말)이라고도 불렀다. 이는 아마도 각종 제사 음식을 이것저것 넣어서 격식 없이 먹는 음식이라는 의미일 것이다.

이름은 거랭이탕이지만 들어가는 재료의 다양함과 신선도는 남다르다. 주로 제사상에 올랐던 도미나 조기 같은 자반고기나 산적과 말린 전을 넣기에 국물 맛이 신선하고 깔끔하다. 기호에 따라서는 고추나 고춧가루를 넣어 얼큰한 맛을 즐길 수 있다. 그 맛을 기억하고 제사 때만이 아니라 일부러 즐기기 위해 원하는 재료를 마련해 거랭이탕을 끓이는 사람들도 많다. 기본이 신선한 재료가 제사음식으로 조리되며 다양한 양념이 더해지고, 여러 재료들이 어우러져 개별 재료가 가지는 맛을 뛰어넘는 맛을 만들어 내는 새로운 음식이 된 것이다.

통영 비짐떡(바지게떡)

9월 9일 중양절에 국화주, 밤단자(밤떡) 등을 즐겨 먹었다. 〈동국세시기〉에도 보면 9월 9일에 노란 국화를 따다가 찹쌀전을 만들어 먹었고, 예로부터 이날은 떡 먹는 날이었는데 그 문화가 거의 사라 졌으나 통영에는 남아 있다. 험한 바다에서 일하 다가 돌아오지 못한, 날짜도 알 수 없는 조상들 제 사를 이때 지낸다. 또한 9월 9일은 선조 임금으로 부터 삼도 수군 요새 완성의 윤허를 받은 날이기 도 하다.

통영 비짐떡은 이때 특히 많이 만들기는 하지만 통영에서 시장에 나가면 언 제든 볼 수 있는 떡이다. 만드는 방법이 간단하여 집에서 조금씩 만들어 먹기 도 좋다. 속에 아무것도 들어 있지 않아 맛이 담백하다. 소금 조금 넣은 멥쌀 가루를 준비해 끓여서 한 김 식힌 물로 쌀가루를 익반죽한다. 이때 오래 치대 면 찰기가 생긴다. 찰기가 생기면 쫄깃하다. 반죽에 젖은 행주를 덮어 숙성시 킨다. 반죽을 달걀 크기 정도로 떼어내 동그랗게 빚어서 손으로 얇게 펴서 납 작한 모양을 만들고, 반달 모양이 되게 반으로 접어 붙인다. 맞닿은 부분을 꾹 꾹 누르며 전체적으로 얇게 만든다. 끓는 물에 반달 모양 반죽을 넣어 물에 떠 오를 때까지 익힌 뒤 떡을 건져 냉수에 담갔다 건진다. 떡 표면이 금세 마르는 것을 방지하는 것이다. 거피한 콩고물이나 팥고물을 준비해 두었다가 떡에 묻힌다. 식혀서 먹으면 쫄깃쫄깃한 맛이 좋다.

베도라치(빼도락지)

전문으로 잡는 어선도 없고, 다른 어종을 잡기 위해 던져 둔 통발에 조금씩 잡히는 것이 전부라 시장에 아주 적은 양만 나온다. 회를 떠 놓으면 은근히 맛있다. 얼핏 물컹물컹해 보이는 살은 육질이 아주 쫀득쫀득하고 단맛도 있다. 우리나라에서는 '잡어 중의 잡어' 취급을 받지만 일본에서는 중요한 튀김 재료로 쓰인다. 베도라치는 여러 가지 약효가 있는 걸로도 유명하다. 침을 흘리거나 오줌을 잘 못 가리는 애들에게 효과가 좋다고 한다.

보리새우(오도리)

보리새우는 홍대가 있고 청대가 있다. 통영을 기준으로 동쪽 바다는 홍대, 서쪽인 남해 쪽은 청대가 많이 잡힌다. 홍대가 맛도 있고, 파는 사람 기준으로는 값도 더 쳐준다. 새우 자망배가 욕지 앞바다에서 잡아 온다. 탈피를 거친 보리새우는 껍질이 부드러워 껍질까지 먹어도 맛이 있다. 탈피 안 한 보리새우는 껍질을 벗기고 먹는다. 여름부터 잡히기는 하는데 가을부터 맛이 들어서 겨울에 쫄깃하고 단맛과 고소한 맛이 있다. 좋은 소금에 찍어 먹으면 단맛이 증폭된다. 회로 즐기고 머리랑 꼬리를 구워 먹고 튀겨 먹는다. 깐 껍질도 육수 낼 때 쓰면 좋다.

계절과 계절이
만나는
풍성한 한때

10월이면 새벽시장에는 추위를 쫓기 위해 불을 피운다. 아직 겨울 물산이 보이지 않아도 계절이 바뀌는 것을 느낀다. 그렇게 온도가 달라지면 며칠 뒤 미역이 나오고, 물메기가 나오고 하나둘 오랜만에 반가운 것들이 첫선을 보인다. 땅에서 나는 나물들은 끝을 보이고 바다에서 나는 나물, 해초들이 맛도 들고 익어 가고 쏟아지기 시작한다. 10월이 깊어지며 바다는 수확의 계절에 접어든다. 여름 끝물과 겨울 초입이 겹치면서 시장은 어느 때보다 풍성하다.

가을이면 섬도 좋다. 산이며 바다며 지천으로 구절초, 머위꽃, 해국 등 가을꽃이 바닷가에 만발한다. 가을꽃의 절정은 대매물도에서 만날 수 있다. 10월이면 꼭 가서 바뀐 물빛과 꽃의 조화를 보아야 한다. 섬에서는 고구마 갈무리를 하고, 빼떼기를 가을볕에 널어 말리는 풍경이 장관이다.

깊은
감칠맛의
최강자

홍합

박경리 선생은 시 '홍합'에서 열두 살 즈음 작은 통통배 타고 '통영 항구의 동춘' 지나 첫개(지금의 통영 산양 척포)라는 어촌 마을 친지 집에서 보낸 하룻밤을 이야기한다. 손님 왔다고 가마솥 그득히 홍합을 삶아 둘러앉은 모습, 먹어도 먹어도 물리지 않던 그 맛과 친지들의 환대의 마음이, 병색 짙던 친척 아지매의 모습과 대비되어 그려진다.

가을부터 홍합은 살이 차기 시작하여 맛이 오른다. 잠시 끓이는 것만으로도 뽀얗게 달짝지근한 맛이 우러나는 국물, 홍합은 감칠맛의 최강자다. 통영에서는 잡채에 육고기 대신 홍합을 넣기도 한다.

통영 인근 바다에서는 예전부터 해녀나 잠수부가 심해에서 따 온 자연산 홍합을 삶아서 싸리나무대나 대나무 꼬치에 꿰서 곶감 말리듯 햇볕에 말려 팔았다. 보통 5개를 꿰는데 홍합오가재비라고도 하고 홍합동가재비로도 부른다. 일본에 수출하는 건홍합은 어느 정도 말랐을 때 짚불에 훈제하여 한지에 한 접씩 싸서 수출했다. 개조개와 개불도 흔하여 그와 비슷한 방법으로 말려 팔았다. 꿰인 그대로 제사상에도 올리고 물에 불려 간장 넣고 볶아 반찬으로 먹기도 했다.

홍합은 통영에서는 요리에 중요하게 사용되는 천연 조미료다. 지금은 찾아보기 힘들어졌지만 홍합 국물로 만든 합자젓국은 향과 맛도 뛰어나고 영양가도 높은 귀한 존재였다. 합자국, 합국, 합자젓국, 홍합젓국, 화합국 등 다양하게 불렸다.

합자젓국은 자연산 홍합인 합자(돌합)를 이용해 홍합오가재비를 만드는 과정에서 가마솥에 그 국물을 졸이고 졸여 탄생된 천연 홍합엑기스다. 300밀리리터 한 병을 만드는 데 자연산 홍합 100개 정도가 필요하다. 무게로 200킬로그램을 삶아야 합자젓국 3리터가 나오는 귀한 재료다. 비빔밥, 국, 탕, 찌개, 무

침, 양념장에 천연 조미료로 쓰거나, 물에 희석하여 끓이기만 하면 홍합 훈제 향이 나는 국물 요리를 만들 수 있다.

예전엔 통영과 인근 홍합이 풍부한 매물도, 갈도, 욕지도 등 섬의 어촌마을마다 초겨울에서 초봄에 이르는 제철이면 어김없이 만들었는데 지금은 그 풍경이 거의 사라졌다. 원래 합자젓국은 지난날 바닷가 서민들에게는 필요한 양분을 쉽게 공급해 주는 부담 없는 식재료이자 조미료였지만, 그 독특한 향과 맛은 상류층을 사로잡아, 통영 부잣집들에서는 식욕이 없거나 허약해질 때 이를 밥에 비벼 약으로 먹었다.

산양읍 영운리에 살다 스무 살에 도남동으로 시집온 여든다섯 김학연 할머니는 결혼 전 합자젓국 만들던 일을 어제 일처럼 기억하신다.

"달일 때 매이(오래 은근히) 달여야 된다. 처음에는 국물이 뽀얗다가 계속 고면 꺼매지며 진득해진다. 마지막 골 때는 숟가락으로 뜨면 엿 달이는 것처럼 진득하지. 가마솥에 나무를 때서 했는데 식으면 더 뻑뻑해지니 불 조절을 잘 해야 한다. 원래는 합자로 했는데 나중에는 없어서 나이롱(양식 홍합)으로 만들기도 했어. 나이롱은 합자처럼 진한 맛이 안 난다."

통영 어르신들은 욕지도, 매물도, 연화도 등 먼 바다의 섬을 바깥섬, 한산도, 연대도 등 가까운 섬을 안섬이라고 부르곤 한다. 갈도, 매물도 등 바깥섬은 합자철에 직접 채취한 합으로 가마솥 걸고 만들고, 안섬은 해녀에게 홍합 종패를 사와서 근처에 뿌려 1년 반 키운 뒤 합자젓국을 만들어 팔았다. 지금도 해녀들은 자기 집에서 먹을 합자젓국을 조금씩 달여 먹고는 한다. 얼마 전에는 해녀가 만든 합자젓국을 구해 먹어 보았는데 전통 방식대로 자연산 홍합으로 만든 합자젓국과 양식 홍합으로 만든 합자젓국, 해녀분들이 만든 합자젓국 세 가지가 맛이 다 달랐다. 세월이 지남에 따라 어느새 잊혀지고 있지만 우리가 지켜야 할 통영의 음식 문화유산이다.

자연산 홍합의
고급스런 맛,
홍합초

해녀가 바다 깊은 곳에서 건져 오는 자연산 홍합은 양식 홍합과 크기나 맛이 확연히 다르다. 그 자체로도 감칠맛이 진한 홍합이라 간단한 양념과 정성만 더해도 제법 괜찮은 요리가 된다.

재료: 껍질 깐 자연산 홍합 200g
양념장: 멸장 16g, 다진 마늘 10g, 참기름, 실파

1. 껍질을 깐 자연산 홍합은 수염과 아가미를 제거하고 모래를 깨끗이 씻어 내고 물기를 뺀 뒤 끓는 물에 넣어 익으면 건진다.

2. 익힌 홍합살은 전복 썰 듯이 비스듬하게 저며 썬다.

3. 홍합을 볼에 넣고 멸장, 다진 마늘, 참기름에 조물조물 무친다. 송송 썬 실파를 넣는다.

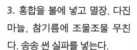

〈 한맛 더하기 비법 〉
• 다른 지역에서는 간장에 조리는 것에 '초'라는 이름을 붙이는데 통영에서는 삶아서 멸장에 무친 것을 '초'라 부른다.
• 홍합을 찜기에 찌면 더 부드러운 맛을 즐길 수 있다.

건어

통영에서 나는 생선 대부분은 말려서 건어로 활용한다. 생선을 소금과 함께 절이면 삼투압 현상으로 농도가 낮은 생선 속의 수분이 농도가 높은 밖으로 빠져 나오고, 지방, 단백질이 소금에 의해 효소 분해를 해서 맛을 배가한다. 장기 보관이 가능하고, 부패를 막아 준다.

통영과 거제에서는 유독 제사상에 배를 갈라 벌려 말린 생선을 올린다. 통영 제수음식에는 보통 말린 민어 3마리, 능성어 3마리, 도미 1마리, 삼뱅이(쏨뱅이) 3마리 올리고, 더 올리는 집에는 옥돔 3마리, 금태 3마리까지 이렇게 많은 생선을 올린다. 제사에 올릴 도미는 비늘을 치지 않고 쪘다. 먹을 때는 껍질을

142

벗기듯이 잡고 걸어 내면 비늘이 한 번에 벗겨진다. 민어 중에서는 통으로 말린 것은 통재비라고 하는데 민어 통재비 중에서도 통영 말로 삐쭉이 민어라고 부르는 것을 먹어 보면 육질이 다른 민어보다 쫄깃하면서도 부드럽고 맛있다. 아는 사람은 꼭 삐쭉이 민어를 찾는다. 가격도 비싸고 수량도 적다.

건어 중에서도 통영 사람들은 외볼락 건어를 특히 좋아한다. 건어 만드는 소금 간은 이전에는 아주 짜게 했는데 지금은 염도가 낮아졌다. 어떤 방법은 소금만 많이 쳐서 짧게 절였다가 씻는 방법이 있고, 소금을 적게 쳐서 오랜 시간 절였다가 씻는 방법이 있는데, 소금을 많이 치는 방법이 맛을 가둬 풍미가 더 좋다. 살이 깊은 도미 같은 생선들은 절이는 시간을 더 주어야 하고 살이 무른

생선은 소금물로 간하여 바로 씻는다. 마른 물메기는 소금 간을 하지 않고 민물에 씻어 말린다. 가자미는 아가미 쪽에 소금 간을 한다. 그러지 않으면 꿉꿉한 냄새가 난다. 지금은 찾아볼 수 없지만, 예전에는 마른 생선을 소금 독에 묻어두었다가 먹었다고 한다. 알가자미, 참가자미, 왼가자미가 있다. 왼가자미는 눈이 왼쪽에 있고, 참가자미는 동지섣달이 제철이다. 3월이 지나면 살이 내려 맛이 없다.

큰상에는 어적을 올렸는데 어적은 생선으로 만든 적으로, 연어가 올라올 때는 연어로, 적돔이 많이 날 때는 적돔으로 만들었다. 지금은 큰 민어로 만든다. 생선을 껍질째 포 떠서 간을 하고 모양을 네모나게 만들어 꼬치로 가운데를 꿰어서 실고추를 올려 만들었다.

삼동 한겨울 해풍에 말린 것이 맛있지만, 지금은 냉풍 시설로 말리곤 한다. 그렇게 말린 것도 찬 바람 맞은 것처럼 맛이 있다. 건어를 찔 때는 찜기에 물을 잘 잡고 된장을 풀어 놓으면 비린내를 제거해 준다. 큰 생선은 20~30분 찐 다음 젓가락으로 찔러 익은 것을 확인한 뒤 불을 끄고 식을 때까지 뜸을 들인다. 식으면 아기 안듯이 조심스럽게 꺼내 담는다.

톳

생긴 모습이 사슴 꼬리와 비슷하다 하여 녹미채라고도 부른다. 톳은 모자반 과에 속하는 다년생 식물로 겨울부터 초여름까지 자란다. 톳나물밥은 먹을거 리가 없던 보릿고개 시절 적은 쌀로도 배불리 먹을 수 있었던 구황음식이었 다. 겨울이 다가오면 자라기 시작하여 이듬해 봄이 되면 30~100센티미터까 지 자란다. 물살이 센 곳은 잎이 좁고, 약한 곳은 잎이 넓다.

이른 가을 어느 날 시장에 나가니 벌써 해톳이 나와 있었다. 가을 톳은 뿌리 에서 돋아나는 새순이다 보니 이때는 아직 살이 오르지는 않는다. 갈색 톳을 끓는 물에 살짝 데치면 초록색이 된다. 건져 내서 차가운 물에 불 순물을 제거해 체에 밭쳐 물기를 짠다. 톳에 다진 대파와 마늘, 물기를 뺀 두부, 깨 넣고 멸장으로 조물조물 무친다. 사각사각 씹히는 식감과 톳 특유의 향이 두부의 고소함과 잘 어울리는 계절 반찬이다.

몰(모자반)

정식 명칭은 모자반인데, 제주에서는 몸이라고 하고 통영에서는 몰이라 부른
다. 참몰과 개몰로 나눈다. 몰은 추석부터 조금씩 나기 시작해서 초여름 정도
까지 난다. 일찍 나는 것은 개몰이다. 개몰은 미끄덩한 식감이 있는데 부드러
운 맛이 있다. 개몰은 많이 날 때는 거름으로도 쓴다. 참몰은 포도알처럼 알맹
이가 있고, 오돌오돌한 식감이다. 지금은 자연산 참몰이 많이 나지 않아 시장
에 나가 보면 전라도에서 양식한 것을 팔곤 한다. 예전에는 욕지도에서 채취
해서 말린 몰을 가마니에 넣어서 육지로 가지고 오곤 했다. 물에 불려 콩나물
이랑 무쳐 반찬으로 먹었다.

겨울이면 통영 사람들은 물메기탕이나 대구탕에 생몰을 넣어서 먹는다. 몰설
치냉국이라고 콩나물 삶은 육수에 콩나물 무치고 마른 몰을 불려 무쳐서 넣어
겨울에는 따뜻하게 여름에는 차가운 냉국으로 먹었다. 일할 때 한 솥 끓여 놓
으면 오며가며 시원하게 먹곤 했다.

섬에서는 잔치음식으로도 먹었다. 말려 둔 것은 제
철이 아닐 때도 맛있게 먹을 수 있는 재료였다. 건
조할 때 삶지 않고 생으로 말리는데 먹을 때 물에
불리면 푸른색으로 다시 돌아온다.

문어

통영 문어는 돌문어다. 연해에서 1년 내내 조업을 하는데, 추워지기 시작하면 맛이 든다. 문어 단지, 문어 통발로 잡는데, 통발에는 미끼 넣고, 단지는 그냥 바다에 던지면 2~3일 뒤에 문어가 들어 있다. 돌문어는 단맛이 응축된 맛이다. 살도 단단하다. 말려서도 먹었는데 피문어, 백자가 있다. 피문어는 안에 칡을 동그랗게 넣어 모양을 잡아 말린다. 백자는 큰 문어로 만드는데 다리와 몸통의 껍질을 벗겨서 제례용으로 하얗게 말렸다.

중앙시장 동피랑 올라가는 길에 문어 말리는 집이 있었는데, 집 안에 꿉꿉하면서도 맛있는 냄새가 났다. 이제는 그런 곳이 없다. 피문어는 칼등으로 두드려 술안주로 구워 먹고, 죽을 끓여 먹으면 맛이 좋다.

문어는 적당하게 삶으면 육질이 쫄깃하고 단맛이 나고, 푹 삶으면 보다 부드럽게 먹을 수 있다. 통영에는 문어를 물결치듯이 비껴 썰어서 한 장씩 착착 엇갈리며 쌓아 제사상에 올렸다. 고임 문어라고 부른다. 사량도와 그 주변 지역에서 내려오는 음식문화 중 문어먹장국은 서양의 오징어 먹물을 이용한 요리와 유사하면서도 고유한 독특함이 있다. 문어를 잡고 먹장을 버리지 않고 바짝 말려 보관했다가 물에 불려서 겉껍질을 제거하고 안에 검은 먹은 떼어 내고, 내장만 가지고 만든다. 솥에 물과 함께 넣어 주걱으로 저으면서 오래 끓여서 무청이나 배추를 넣고 시락국을 끓여 먹는 독특한 문화다.

바다의 진미가
쏟아지는
겨울이 온다

11월, 찬 공기를 들이마시면 따뜻한 물메기탕이 생각난다. 물메기탕을 먹으면서는 대구탕을 생각한다. 바다 물산이 쏟아지고 먹고 싶은 것들이 쏟아진다. 이쯤이면 통영의 바다에서 나는 온갖 것이 다 맛있다.

물메기, 대구, 볼락, 도미, 방어, 아귀, 복어, 학꽁치, 호래기, 굴, 문어, 파래, 김 등 다 나열할 수 없을 정도의 음식이 떠오른다. 통영의 11월은 먹거리를 즐기려면 아침저녁으로 바쁜 때다. 부르는 곳도 많고 할 일도 많지만 행복하다. 어디에 가지 않아도 시장과 작업실만 오가면서도 겨울의 맛을 제대로 느낄 수 있다. 새로운 먹거리가 나올 때마다 사람들이 모여든다. 먹으면서도 다음 먹을 것이 기대되는 계절, 통영의 겨울이 오고 있다.

어떻게 먹어도
맛있는
생선

볼락

통영에서 뽈래기, 뽈락, 뽈라구 등으로도 불리는 볼락은 색깔에 따라서 황볼락, 금볼락, 청볼락, 먹볼락 등으로 나뉘며 크기에 따라 왕볼락, 젖볼락 등으로 부른다. 다양한 어종 만큼이나 조리법도 다양하다.

통영 사람들은 볼락으로 매운탕, 볼락구이, 볼락젓갈, 볼락김치 등 여러 음식을 해 먹는데 가장 좋아하는 음식은 볼락구이다. 작은 볼락의 경우 구워서 한 마리씩 통째로 먹는데 입 밖으로 나올 때 가시만 남길 정도로 볼락을 좋아하는 사람이 많다. 큰 볼락으로 구이를 할 때는 직접 불에 올려 굽지 않고 숯불 또는 밥을 하고 남은 재 위에 간접 불로 훈제하듯이 구워야 풍미가 더 뛰어나다. 한편 볼락 중에는 열기라는 노랗고 붉은빛이 도는 생선이 있는데, 회, 소금구이, 조림 등으로 먹지만 맛은 다른 볼락류에 비해 떨어진다.

다른 지역에서는 황석어를 김장에 사용하듯이 통영에서는 무김치에 볼락을 넣는다. 볼락김치를 담가 익히면 볼락이 삭아 김치에 맛이 들기 시작한다. 하얀 쌀밥에 곁들여 먹으면 곰삭은 맛의 매력이 더욱 잘 느껴진다. 통영이 경남에서 김장을 가장 늦게 하는데 볼락김치는 김장철 전에 담가서 음력 설 전에 대부분 다 먹곤 한다.

쓸개가 들어가면 쓴 맛이 강해지기 때문에 큰 볼락은 김치에 잘 사용하지 않는다. 쓸개가 진해지기 전, 작은 볼락을 쓴다. 무의 성분으로 인해 볼락의 뼈가 삭는데, 그 사실을 알아낸 조상들의 지혜가 놀랍다.

밥 한 그릇 더 부르는 볼락김치

볼락을 넣어 익을수록 맛이 깊어지는 무김치다. 크게 썰어 잘 익힌 무는 아삭한 맛이 있고 곰삭은 볼락은 젓갈처럼 짭짤하고 고소한 맛이 있다.

무가 맛있어질 때 담그는 김치로 볼락과 무가 서로 작용하여 맛을 한층 올려 준다.

재료: 볼락 1000g, 무 400g, 볼락 절임용 소금 100g, 무 절임용 소금 200g
양념: 찹쌀풀 400ml, 고춧가루 100g, 갈치젓국(기호에 따라 멸치젓) 200ml, 다진 마늘 60g, 다진 생강 13g, 멸장 조금

1. 볼락을 살짝 씻어 볼락 절임용 소금에 20분 이상 절인다.

2. 무는 볼락 크기로 깍둑썰기하여 무 절임용 소금을 넣고 20분 정도 절인다. 중간에 서너 번 뒤적여 간이 고루 배이게 한다.

3. 절인 무는 헹구어 물기를 뺀다. 절인 볼락은 씻지 않고 그대로 사용한다.

4. 찹쌀풀에 고춧가루를 먼저 개어 불리고 멸장을 제외한 나머지 양념을 모두 넣어 섞고, 물기 뺀 무를 넣어 버무린다. 어느 정도 섞이면 볼락을 넣고 멸장으로 간을 맞추어 잘 버무려 실온에서 익힌 뒤 냉장고에 넣어 두고 먹는다.

〈 한맛 더하기 비법 〉
• 볼락은 작아야 김치 담그기 좋다. 손가락 정도 길이가 쓸개가 생기지 않아 쓴맛이 나지 않는다. 큰 볼락으로 담글 경우는 잘라서 담근다. 무의 성분이 볼락 뼈를 연하게 한다.
• 무는 너무 작으면 좋지 않고 볼락보다 조금 크게 썬다.
• 볼락 눈이 하얗게 변했을 때가 잘 익은 상태라고 보면 된다.

물메기

어찌 물메기라고 다 같은 맛인가. 물메기는 음력 10월부터 다음 해 2월까지 잡힌다. 동지 전후에 살이 차올라 가장 맛있다. 이때 잡아 말린 물메기는 대구 못지않게 맛이 좋다. 물메기는 비린내와 기름기가 없어 시원한 맛이라 아침 해장국으로 사랑을 받고 있다. 살은 흐물흐물하지만 씻은 묵은지에 싸서 회로 먹어도 맛있다.

바닷바람에 꼬들꼬들하게 말려서 찜 요리를 해 먹기도 한다. 간장과 고춧가루를 넣어 쫀득하고 진한 맛을 낸다. 마른 물메기는 통영 추도 메기를 최고로

친다. 추도는 다른 섬에 비해 산에서 내려오는 물이 맑고 수량이 풍부한데 추도는 전통 어구인 대나무통발로 잡아온 물메기를 그 물로 깨끗이 씻는다. 흐르는 민물에 씻어 말린 추도 메기는 짜지 않고 맛이 좋다. 통영 사람들은 명절이 다가오면 마른 메기를 장만해 놓는다. 겨울 별미로 찜을 해 먹기도 하고 구운 뒤 찢어 고추장에 찍어 먹는다.

파래

파래는 바다풀 중에서 향이 가장 진하다. 비타민과 무기질도 많아 바다의 채소라고 부른다. 통영에는 국파래, 서파래, 갈파래 등 여러 종류의 파래가 있다. 색이나 길이 등에 차이가 있지만 구분이 쉽지 않으므로 시장에서 살 때 어떤 파래인지 물어보는 것이 가장 확실하다.

▲ 추도에는 삼대가 물메기를 말리는 일을 하는 집도 있다.
▼ 파래는 아무리 깨끗이 요리해도 흔적이 남아 시어머니 몰래 못 해 먹는다는 말이 있다.

파래에 따라 무칠 때도 조리법이 다르다. 국파래는 국을 끓여 먹는 파래가 아니고 익으면 다른 파래보다 국물이 많아서 국파래다. 국파래무침은 참기름에 다진 홍합을 볶다가 깨끗이 씻은 국파래를 넣고 조금 더 볶으면 국물이 자박해진다. 그러면 멸장으로 간 하고 다진 마늘, 다진 파, 다진 홍고추로 한맛을 더한다. 서파래는 무를 채 썰어 소금에 잠시 절여 물기를 짜고 깨끗이 씻은 파래에 다진 마늘, 다진 파, 다진 홍고추, 멸장, 설탕, 참기름, 통깨 넣고 새콤달콤하게 무친다. 갈파래무침은 된장 푼 물에 손질한 마른멸치 넣고 푹 끓이다가 갈파래와 청홍고추 넣고 한소끔 더 끓인다.

파래로 전을 부치면 밥반찬, 술안주, 간식으로 모두 잘 맞는 요리가 된다. 깨끗이 씻은 파래에 굴 다져 넣고, 달걀, 밀가루, 후추, 다진 홍고추, 소금 조금 넣어 약하게 간하여 파릇하게 부친다.

통영 다찌

통영 다찌는 제철 해산물을 한자리에서 먹을 수 있는 통영의 음식 문화다. 처음에는 가볍게 먹을 수 있는 전채 위주로, 그 다음엔 초장을 곁들여 먹을 수 있는 회와 해산물로, 그리고 조림과 구이, 탕과 후식으로 마무리된다. 첫 상은 특별한 요리 솜씨가 없어도 식재료가 싱싱하면 바로 차릴 수 있지만, 두 번째 상부터는 주인의 요리 솜씨가 단박에 드러나기 때문에 두 번째 상으로 단골이 결정된다. 언제든 푸짐한 상이 나오지만 해산물이 풍부한 겨울이 다찌의 진면목을 볼 수 있는 계절이다.

어업 종사자가 많았던 통영에서는 갓 잡은 생선회나 해산물 몇 점과 함께 술욕구를 얼른 달래고서 다시 일터로 돌아갈 수 있는 선술집 문화가 퍼져 있었다. 지금의 다찌는 통영 주당이 만들어 낸 것이다. 아주 오래전에는 시간에 쫓기지 않고 나오는 대로 기다리며 느긋하게 일식집 주방장 앞 바에 앉아 추천 요리를 먹는 것을 통영에서는 다찌라 불렀다. 고급 요릿집은 가지 못하고 그와 비슷한 선술집에서 다찌 기분 내며 먹고 싶어서 "다찌 한잔 하러 가자"라는 말이 생겼다. 그렇게 자연스럽게 다찌집이 형성되었다. 1950년대에는 '민주당'과 '삼각집'이라는 식당이 유명했는데 서서 간단히 먹는 방식과 좌식 방을 갖추고 있었다. 그러다 차츰 시간과 공력을 들인 좌식 술상 방식으로 변하여 한동안 이어지다가, 현대에 와서는 술값만 받고 안줏값은 받지 않는 술집 문화를 통칭 '통영 다찌'라고 부르게 되었다. 청주집, 해거름, 쉼터, 한양집,

연성, 대추 등이 있던 1980~1990년대가 전성기였고, 현재 통영에 공식 등록된 다찌집만 서른다섯 집이다.

통영 다찌는 술을 팔지 않으면 매상이 오르지 않아 이익을 내기가 힘든 수익 구조인데, 안주상이 풍부하다는 통영 다찌의 특색을 찾아 술은 마시지 않고 음식만 먹으러 오는 관광객들이 많다 보니 원래 방식의 '온다찌', 저렴하고  가짓수가 적은 '반다찌', 요리만 나오는 '술 없는 다찌' 등 다양한 방식이 생겨났다. 법주, 마주앙, 맥주, 민속주, 소주 등 그 사이 마시는 술도 변화가 있었다. 계절에 따라 나오는 음식이 다르고 시대에 따라 상을 내는 방식도 달라지는 것이 다찌 문화다. 무엇이든 익숙한 것 한 가지만 정답이라고 고집할 필요는 없다.

가리비

예전에는 가리비를 이렇게 흔하게 먹지 않았다. 양식을 시작하면서 많이 먹기 시작한 것 같다. 양식 가리비는 부드럽고, 해녀들이 잡아오는 자연산 가리비는 맛이 더 진하다. 해녀들에 따르면 바닷속에서는 가리비가 날아다닌다고 한다. 잡자마자 회로 먹으면 맛있다. 통영에서는 별다르게 요리를 하지는 않고 쪄서 먹거나 삶아 먹거나 구워 먹는다. 지금 많이 나는 홍가리비는 고성에서 양식을 하는데, 최근에는 홍가리비랑 자연산 가리비를 조합해서 만든 황금가리비가 나오기 시작했다. 맛이 진하고 단맛도 풍부하다. 이전에는 키조개 관자를 말려서 먹기도 했다. 가리비도 그렇게 먹어 보면 어떨까 생각한다.

유자

통영에서도 예전부터 유자를 많이 썼다. "탱자는 고와도 땅에 구르고, 유자는 얽어도 큰상에 오른다"는 속담이 통영에 전해진다. 항아리를 땅에 묻고 독 밑에다 솔잎을 깔고 유자 깔고 솔잎 깔고 하며 저장해 두었다가 3월까지 먹었다. 상납하는 물산으로 고급 식재료로 쳤다. 조선시대에는 유자가 나무에 열리면 관리들이 숫자를 세어 수확철에도 그에 맞춰야 해서 백성들이 힘들어했다는 이야기가 있다. 산양읍 세포마을에 가면 토종 유자나무가 있다. 익지 않은 유자를 종이에 하나씩 싸서 검은 봉지에 묶어 냉장고에 보관하면 3월까지도 먹을 수 있다. 회 먹을 때 레몬 대신 곁들이면 좋다. 통영에는 유자정과를 만들어 먹었다. 1680년도 남구만이 쓴 기록에 따르면 남부지역에서 전복유자김치를 만들어 먹었다고 한다.

둘러앉아
함께 음식을
즐기는 맛

해 질 녘이면 카메라를 들고 일몰을 찍으러 간다. 가끔 통영 바다에서 만나는 오메가 모양의 일몰은 겨울 추위도 잊게 한다. 사진에 담고 나면 이제 한 해가 끝나는 것을 느끼며 통영의 맛이 절정임을 실감한다. 바다에서 나는 온갖 것은 다 맛있다. 통영 음식의 행복은 최절정기에 다다랐다. 그 무엇도 부럽지 않다.

대구도 몇 마리 잡아 한 마리는 약대구, 한 마리는 마른 대구를 처마 끝에 널어 두고 만든다. 또 한두 마리는 탕을 끓이고, 대구 대가리는 조림을 하고, 마른 대구는 포를 떠 마른 회를 먹고, 대구 참알과 내장, 아가미, 이리는 젓갈을 담가 놓는다. 연례행사처럼 통영 대구를 다양한 방법으로 즐기는 시기다. 대구는 혼자 먹는 음식이 아니다. 다양한 사람들과 둘러앉아 즐길 수 있게 하는 매개체다. 시장에서 대구를 보면 자연스레 함께 먹을 사람들이 떠오른다.

대가리부터
꼬리까지
버리는 게 없다

대구

7킬로그램이 넘는 거대한 대구를 누렁이라 한다. 말 그대로 바다의 소, 말리면 색이 누렇기 때문이다. 진해만에 있는 통영 부속 섬 지도의 대구 어장막에서 대구가 많이 잡히면 배로 원평까지 와서 수레에 싣고 통영 시내까지 오는 모습이 장관이었다고 한다. 진해만에서는 씨알 굵은 대구가 많이 잡힌다. 대구는 배를 갈라 말리면 통대구, 등을 갈라 말리면 열짝, 알째 말리면 약대구라 한다.

대구는 북쪽 오호츠크해에 서식하다 산란을 위해 12~2월까지 진해만으로 회귀하는데 내려오는 동안 영양을 비축해 기름지고 맛이 좋아 그때 잡은 것이 덩치도 크고 영양도 풍부하여 최상품이다.

대구는 대가리부터 꼬리까지 버리는 게 없다. 아가미와 창자는 젓을 담그고, 간은 기름을 뽑아 의약품에 쓰고 눈알은 고급 요리의 재료로 쓴다. 그중 제일 맛있는 부위는 볼때기 살이다.

배를 눌러 알이 나오면 암놈, 하얀 액체가 나오면

▲ 약대구를 지을 때는 알을 두 벌을 넣어야 한다.
▼ 약대구의 알, 대가리, 살을 따로 분리하여 다른 약선 음식으로 조리해 먹는다.

수놈이다. 산란기의 암대구가 더욱 쫄깃하다. 신선한 대구를 고르는 방법은 빛깔이 푸르스름하고 배 부분이 단단하며 아가미를 들췄을 때 선명한 선홍색인 것이 맛이 좋다.

〈신증동국여지승람〉을 보면 진해만 대구는 수라상에 오를 정도의 진상품으로 굉장히 귀한 보양식이라고 설명하는데, 심지어 고종 3년 궁녀들에게 월급으로 말린 대구를 지급했다는 기록도 있다.

예전에도 대구 음식은 특별한 날, 혹은 손님 접대할 때 먹었던 음식이다. 통제영에서도 대구 요리를 귀한 음식으로 취급했다. 통제영이 폐영될 때 통제영 내의 요리를 담당하던 계층 일부가 통영 부잣집에 들어가 음식을 가르쳐 주었다는데 아직 통영 일부 집안에서는 대구껍질누르미를 해 먹는다.

약으로 쓰는 약대구는 '만든다'고 하지 않고 '약대구를 짓는다'라고 표현한다. 약대구는 배를 따 알을 들어내 칼로 저며 술안주나 밥반찬으로 먹었고 남은 알과 몸통을 넣어 대구 알죽을 끓여 먹기도 했다. 대가리는 푹 고아 콩나물을 넣어 여름에 약선 음식으로 먹었다. 소금약대구는 배꼽을 짚으로 막아 알이 쏟아지지 않고 마르는 동안 소금물만 바깥으로 배출하게 하는데 이 짚이 다 마르면 먹어도 된다는 신호다. 간장약물대구는 배꼽을 봉

▲ 알은 얇게 편을 썰어 먹는다.
▼ 이리(곤이)는 찜을 할 때도 살짝 데친 뒤 요리하면 더 깔끔하다.

한 것이어야 한다. 간장약물을 한 주전자 넣어도 흘러내리지 않게 말리고 부어 주고 말리기를 세 차례 하는데 약물이 잘 마르지 않아 소금약대구보다 더 건조하여야 한다. 이런 간장약물 방법은 부잣집 중에서도 더 부잣집에서 약으로 먹었다고 한다. 동지 전후 산란 전 통통한 알배기로 해야 최고의 약대구가 된다. 냉장고가 없던 예전에는 부엌에서 솔가지를 땔 때 훈제로 만들었다. 짜게 해야 알이 썩지 않아 이렇게 3~4개월 말려 보관했다가 아끼고 아껴 여름까지 먹었다.

대구 말리는 풍경은 워낙 인상 깊어 통영을 배경으로 한 여러 문학 작품에서도 등장한다. 백석 시인의 시 중에서는 '집집이 아이 만한 피도 안 간 대구를 말리는 곳'이라는 구절이 있고 박경리 선생의 작품 〈김약국의 딸들〉에도 약대구가 나온다.

"대구가 날 철이면 수백 마리씩 사들여 일꾼을 얻어 한 섬들이 독을 몇 개씩 놓고 대구를 딴다. 그리하여 독에는 알, 아가미를 각각 따로 넣어 젓을 담그고, 대구는 말려서 통대구를 만든다. 이 밖에 약대구라 하여 알을 빼지 않고 온통으로 소금에 절여 말렸다가 여름에 내기도 한다. 이 장사는 곱으로 남는다."

시원하고 담백한 겨울의 맛, 대구탕

12월부터 3월 산란기를 맞아 살이 통통하게 오른 대구, 그중에서도 동지 전후로 가장 맛있다. 큰 것을 구할 수 있다면 작은 것 여럿보다 큰 거 한 마리가 맛이 훨씬 깊고 좋다. 끓이는 방법도 어렵지 않지만 맛은 훌륭하다. 통영은 냉동 대구로는 탕을 끓이지 않기에 생대구탕이라 특별히 부르지 않고 그냥 대구탕이라 한다.

6인분 기준
재료: 대구 2kg 이상(1마리), 무 400g, 콩나물 100g, 미나리 100g, 대파 100g, 다진 마늘 20g, 몰 100g, 멸장 110g, 홍고추 2개
육수: 무 400g, 물 3.2L, 청양고추 2개, 다시마 손바닥 크기 2장

1. 넉넉한 냄비에 물을 붓고 무와 청양고추, 다시마를 넣어 센불로 끓이다가 끓기 시작하면 중불로 줄여서 10분 안쪽으로 무의 시원한 맛이 우러나도록 끓여 칼칼하고 맑은 육수를 만든다.

2. 대구는 비늘을 긁어 제거한다. 아가미와 내장을 빼고, 지느러미를 자르고 어슷하게 토막을 내서 핏기를 깨끗이 씻는다.

3. 무는 삐져 놓고, 대파는 굵게 어슷썰기 한다. 홍고추는 총총 썰어 놓고, 미나리는 손가락 한 마디, 몰은 한 뼘 정도 길이로 썰어 준비한다. 콩나물은 대가리와 꼬리를 잘라 다듬어 둔다.

4. 끓여 둔 육수에 무를 넣고 멸장과 소금으로 간한다. 육수가 팔팔 끓기 시작하면 손질한 대구를 넣고 끓인다.

5. 생선을 넣고 대구가 익어 생선 맛이 배어나면 마지막에 몰과 파, 다진 마늘, 홍고추를 넣고 한소끔 끓어오르면 바로 불을 끈다. 그릇에 담아 미나리를 올려낸다.

〈 한맛 더하기 비법 〉
• 이리는 끓는 물에 데쳐 두었다가 대구가 익어 갈 때 넣으면 풀어지지 않는다.
• 대구탕은 너무 오래 끓이면 살이 부서져, 그 부드러운 맛을 즐길 수 없다.

대방어

방어의 겨울철 서식지는 원래 제주 인근이었지만 지난 10년 새 온난화로 수온이 오르면서 강원 해역까지 올라갔다. 양식업체들은 강원도에서 한여름에 잡은 자연산 중간 크기 방어를 상품 가치가 높은 무게 7킬로그램 이상으로 키우기 위해 방어가 좋아하는 수온 17도의 통영으로 700킬로미터 옮겨 두 달 정도 축양한다. 대방어는 성격이 급해 잡으면 바로 죽기에 출하하기 전 일주일쯤 길들이기 과정을 거친다. 그러면 유통 중 20일 넘게 살아 있다. 통영의 가두리에서 축양한 방어는 겨울철에 서울은 물론 제주로도 간다.

4킬로그램 이하는 소방어, 7킬로그램 이하면 중방어, 8킬로그램 이상은 대방

어, 10킬로그램 이상은 특대방어로 분류한다. 특대방어를 11~2월 사이에 먹는 것이 가장 맛있다. 대방어는 부위별로 다른 맛이 있다. 뱃살 맨 밑은 쫄깃한 식감이 있고, 기름진 뱃살 맨 밑 배꼽살은 녹는 맛이 천하 일미다. 가장 귀한 부위는 머리 밑과 뱃살이 만나는 목살(가마살)이다. 눈 주변에 붙은 두 점만 나오는 눈살, 숟가락으로 긁어 먹는 갈빗살과 꼬리살, 그리고 적당한 기름진 맛 뱃살, 생소고기 맛이 나는 등살, 껍질에서 발라낸 말랑말랑 젤리 같은 속 껍질, 내장 껍질, 대가리까지 다양한 맛을 느끼며 맛있게 먹을 수 있다.

예전 통영 사람들은 방어를 즐기지 않았으나 차츰 지역마다 먹는 방식이 생겼고 통영은 된장에 물 조금, 다진 마늘을 넣은 양념장을 만들어 방어회를 찍어 먹는다. 부산에서는 미나리를 듬성듬성 썰어 넣은 초장에 방어회을 찍어 먹기도 하는데 아삭한 미나리가 방어의 느끼함을 줄여 준다.

사람들이 방어와 헷갈리는 어종 중 하나인 부시리는 먹는 시기가 다르다. 여름에서 가을 사이에 가장 맛이 좋다. 대방어가 유행하기 전에는 부시리가 더 고급 어종으로 인식되었다.

▲▼ 대방어가 눈에 띄면 사고 싶어진다. 방어를 잡아 부위별로 회를 즐기고 대가리는 묵은지 넣고 김치찜을 하면 다른 것을 더하지 않아도 맛있다. 통영에서는 막썰어 회를 즐기곤 하는데, 대충 막 써는 게 아니라 바로바로 막 썰어서 내는 회를 뜻하는 말이다.

해삼

1895년 발행한 〈통영지〉를 보면 통영장시에 해삼 도가 8개 처에서 거제, 고성, 남해에서 나는 마른 해삼을 취급하였다 한다.

해삼은 전복, 홍합과 함께 바다에서 나는 '세 가지 귀중품' 삼화(三貨)라고 〈자산어보〉에 나와 있고, 또한 해삼은 약효가 인삼에 필적한다 하여 해삼 (海蔘)이라는 이름이 붙었다고 서유구가 쓴 책에 기록이 있다.

해삼은 가을부터 맛이 들어 동지 전후에 가장 좋다. 해삼을 고를 때는 돌기가 고르게 많이 돋아 있으며 울퉁불퉁하고 큰 것을 선택한다. 또 썰었을 때 딱딱한 것이 신선한 해삼이다. 해삼은 먹이에 따라 몸 빛깔이 달라지는데 제주 쪽 해삼은 홍삼이 많고, 통영에서 잡는 해삼은 개펄 속의 유기물을 먹어서 흑삼이나 청삼이 많다.

▲ 해삼은 소쿠리에 담아 오래 두면 흘러내린다.
▼ 질긴 해삼은 살짝 데쳐서 요리하면 부드러워진다.

해삼통지짐

통영에서 명절이나 귀한 손님을 치를 때 만들었다는 해삼통지짐은 다진 소고기와 조갯살 등을 삶은 해삼 속에 채워 넣어 달걀지단에 말아 익혀 내는 통영의 전통음식이다. 건해삼을 불려서 사용해도 좋다. 건해삼은 일주일 정도 불려 줘야 하는데, 생해삼보다 모양을 내기에 좋고 맛도 있다.

일단 생해삼을 깨끗이 씻어 배 쪽으로 칼집을 넣어 내장을 빼낸다. 칼집을 깊게 넣으면 등이 터질 수 있고, 칼집을 길게 넣어도 소를 넣을 때 좋지 않으니 주의해야 한다. 내장을 꺼낼 수 있을 정도로만 칼집을 낸다. 물을 올려 팔팔 끓인다. 1분 정도 데쳐 내는 식으로 해삼을 끓는 물에 넣었다 빼낸다. 이때 짚을 넣으면 해삼이 부드러워진다.

다진 조갯살, 다진 소고기, 소금, 깨소금, 마늘, 파, 물기를 꼭 짜서 으깬 두부를 모두 함께 주물러 양념이 고루 배게 한다. 해삼 속을 채우기 전에 재료들을 익혀서 넣는다.

데친 해삼은 물기를 제거한 뒤 칼집 넣은 안쪽 부분에 밀가루를 묻혀 털어 낸다. 찰지게 치댄 소를 뭉쳐 해삼 속을 채운다. 속을 채운 해삼에 밀가루를 묻히고 달걀 물을 팬에 얇게 펴 익으면 해삼을 올려 지단으로 감싸 노릇노릇하게 익힌다.

▲ 해삼통지짐은 식혀서 조심스럽게 썰어야 터지지 않는다.

개불

한산도 죽도에 가면 제사상에도 개불을 산적으로 만들어 올렸던 것으로 보아 그쪽에서 많이 잡혔음을 알 수 있다. 내게 가장 맛있었던 개불은 1980년대 통영 운하 충무교 아래에서 샀던 개불이다. 충무교 다리 아래서 물이 빠지니까 잡아서 망에 가득하니 200~300마리를 담아서 팔았던 기억이 있다. 마리당 몇백 원 정도로 저렴했다. 개불은 물살이 센 곳에서 잡은 게 맛있어서 남해 지족해협 개불이 맛있다고 하는데 충무교 아래가 물살이 더 세서 그 이상 맛있었던 기억이 난다.

살짝 칼집을 내고 핏물을 빼고 주둥이의 가시를 제거하고 반대편도 자르고 칼로 훑어서 내장을 빼고 씻어서 먹는다. 회로 먹으면 달짝지근한 맛과 오독오독한 맛이 일품이다. 말려서 구워서도 먹는다. 요즘도 충무교 아래 나룻배를 띄우고 긴 갈고리로 조개를 잡는 분들이 있는데 예전에는 개불도 많이 잡혀 올라오곤 했다. 조선소 때문에 매립지도 늘고 바다 환경이 달라져 지금은 그때처럼 잡히지 않는다고 한다. 바다가 다시 살아나면 개불도 돌아오지 않을까 기대한다.

호래기(꼴뚜기)

정식 명칭은 꼴뚜기, 통영에서는 호래기라고 부른다. 상태가 좋은 것은 높여 부르기 위해 참호래기라고도 한다. 10월 중순부터 3월까지 잡는데 잠시 쉬었다 다시 5월에는 봄호래기가 짧게 또 난다. 낚시로도 잡고 정치망이나 뜰망배에서도 많이 잡는다. 정치망에서 멸치 삶을 때 함께 삶아서 말리는데, 말려서 먹어도 꼬들꼬들하니 아주 맛있다.

백석이 짝사랑하던 여인을 찾아 통영을 두 번째 방문했다가 길이 엇갈려 만나지 못하고 쓴 시 '통영2'에도 호래기가 등장한다. 통영 1월의 아름다운 풍광과 풍성한 먹거리 등을 묘사하며 임을 마냥 그리워만 하는 자신의 쓸쓸함을 대비시키는데 그중 하나로 호래기젓갈을 이야기한다. '전복에 해삼에 도미 가재미의 생선이 좋고, 파래에 아개미에 호루기의 젓갈이 좋고.' 모두 통영 사람들이 즐겨 먹는 것인데 그중 호래기젓갈은 술안주로 아주 좋다.

10월 풍화 쪽에서 가장 먼저 호래기가 잡히고 인평동, 중화동, 척포 순서로 이동한다. 낚시할 때는 해 질 녘과 새벽에 잘 잡힌다. 낚시로 잡는 것은 몸속에 펄이 없어서 바로 먹을 수 있고, 크고 펄이 있는 것은 내장을 제거하고 회로 먹는다. 김하고 싸먹으면 고소한 맛이 배가 된다. 예전에는 호래기 무침도 충무김밥 반찬으로 만들어 사용했다.

통영 사람들은 호래기를 좋아해서 호래기가 잡히지 않는 계절에 정치망에 들어온 새끼 오징어를 민호래기라고 부르고 무쳐 먹기도 했다.

맛에는
마침표가
없다

매일 아침 여행을 한다. 일어나 강구안을 한 바퀴 끼고 돌아 출근 아닌 출근을
하며 통영 여행을 즐긴다. 어선들이 오가는 소리, 물빛, 비릿한 내음 모든 것
이 아름답다. 통영의 항상 익숙한 것들, 바다에서 나는 모든 것이 새롭고 사랑
이다. 그렇게 새벽시장에 도착하면 미식 여행이 시작된다. 시장에서 대구를
보면 함께 먹을 사람들이 떠오른다. 부르면 먹으러 오는 사람이 좋다. 먹으면
서 맛있다 하는 사람은 더 좋다. 안 먹어도 배부르다. 어머님들 마음이 이랬을
것이다.

음식을 시작한 지 오랜 시간이 지났다. 그중 처음 몇 년을 제외하고는 늘 통영
에서 통영 음식 관련한 일을 했다. 이 길에 들어서곤 단 한 번도 딴 데 눈을 돌
려본 적이 없으나 음식에 대한 생각이 달라진 시기가 있다.
한동안은 시선을 사로잡는 통제영 음식, 한 상 가득 차리는 화려한 음식에 빠
져 있었다. 그러던 중 마흔셋에 위암 선고를 받았다. 자연을 닮고 싶어 바다가
바로 보이는 바닷가에 터를 잡고, 조그만 집을 짓고, 손으로 흙을 빚어 그릇
을 구워 사용하고, 앞뜰에는 들꽃을 심고, 집 뒤에는 자그마한 텃밭도 만들어
채소는 자급자족했다. 바다에서 채취한 해산물로 요리도 하고 젓갈도 담그고
멸장을 만들고, 산에서 채취한 것들로 장아찌도 담그고 요리를 했다. 자연이

주는 선물을 느끼며 5년간 치유의 시간을 살았다. 이때 제철 좋은 재료를 이용해 소박한 조리법으로 만드는 음식으로 마음이 기울었다.

집집이 부엌에서 어머니의 손에서 손으로 이어져 온 음식으로 무엇보다 역사가 길고, 철마다 좋은 식재료가 풍성한 통영이었기에 오랜 세월 축적된 손맛이 더해지니 그 자체로 완성된 음식이었다. 그런 음식을 찾아 더 자주 이곳저곳을 다녔다. 음식의 근본을 공부하고 연구할 때 내게 최고의 선생님은 시장과 섬의 할머니, 어머니, 그리고 아내다. 그들에게 묻고 이야기 나누고 함께 음식을 하며 많은 것을 배웠다.
문화란 고정된 것이 아니라 계속 새롭게 변해 가는 것이다. 이어져 오던 것은 이어가며 변해 가는 것은 변해 가는 대로 받아들였으면 한다. 그것이 내가 지금까지 통영 음식에서 배운 것이다. 책을 정리하면서 그동안 모아 두었던 자료를 꺼내 보고 다시 알아 가는 것이 계속 생겼다. 그러나 나는 아직도 통영음식에 대하여 모르는 것이 많다. 아무리 알아 가도 통영의 깊이는 모르겠다.

카메라 둘러메고 오늘도 시장에 간다. 통영 음식은 섬과 바다의 계절로부터 시작한다. 책을 마무리하는 겨울, 통영의 맛이 절정임을 실감한다. 바다에서나는 온갖 것이 다 맛있다. 맛에는 마침표가 없다. 제철 재료와 마주하면 이재료가 내 앞에 오기까지의 고마움을 느끼며 통영의 식재료가 지닌 풍부한맛과 통영의 멋으로 음식을 만든다.

재료도 중요하고 솜씨도 중요하지만 무엇보다 음식을 만드는 마음이 중요함을 시간이 지날수록 깊이 느낀다. 먹는 사람을 생각하면서 만드는 음식은 다르다. 내게 음식이란 사람과 사람 사이의 교감이라 음식을 하는 이와 먹는 이의 마음이 무엇보다 중요하다. 그 계절에만 맛볼 수 있는 가장 좋은 먹거리를 앞에 두고 마음 통하는 사람들과 둘러앉아 있으면 그 무엇도 부럽지 않다. 언젠가 이 책을 읽은 이와 통영 음식을 앞에 두고 마주앉아 이야기를 나눌 수 있다면 참 좋겠다. ✹

도서출판 남해의봄날 로컬북스 21

이웃한 도시라도 차세히 들여다보면 서로 다른 자연과 문화, 아름다움을 품고 있습니다.
독특한 개성을 간직한 크고 작은 도시의 매력, 그리고 지역에 애정을 갖고 뿌리내려 살아가는
사람들의 이야기를 남해의봄날이 하나씩 찾아내어 함께 나누겠습니다.

기다림 속에 찾아오는 사계절 바다의 맛

통 영 백 미

초판 1쇄 펴낸날 2020년 12월 30일
초판 2쇄 펴낸날 2022년 1월 28일

지은이 이상희
편집인 장혜원책임편집, 박소희, 천혜란
마케팅 황지영
디자인 Studio Marzan 김성미
종이와 인쇄 미래상상

펴낸이 정은영편집인
펴낸곳 남해의봄날, 경상남도 통영시 봉수1길 12, 1층
전화 055-646-0512
팩스 055-646-0513
이메일 books@namhaebomnal.com
페이스북 /namhaebomnal
인스타그램 @namhaebomnal
블로그 blog.naver.com/namhaebomnal

ISBN 979-11-85823-69-0 03380
© 이상희, 2020